MIRIAM STEIN

Die gereizte Frau

GOLDMANN

MIRIAM STEIN

DIE GEREIZTE FRAU

WAS UNSERE GESELLSCHAFT MIT MEINEN WECHSELJAHREN ZU TUN HAT

GOLDMANN

MIX
Papier | Fördert gute Waldnutzung
FSC® C104608

Penguin Random House Verlagsgruppe FSC® N001967

6. Auflage
Originalausgabe April 2022

ein Unternehmen der Penguin Random House Verlagsgruppe GmbH,
Neumarkter Straße 28, 81673 München
produktsicherheit@penguinrandomhouse.de
(Vorstehende Angaben sind zugleich
Pflichtinformationen nach GPSR.)

Umschlaggestaltung: UNO Werbeagentur, München
Umschlagmotiv: FinePic®, München
Redaktion: Angelika Lieke
EB · Herstellung: CF
Satz: Vornehm Mediengestaltung GmbH, München
Druck und Bindung: Nørhaven A/S, Viborg
Printed in Denmark
978-3-442-31648-9

www.goldmann-verlag.de

»Letztendlich macht Altern glücklich.
Klar wird man dicker und bekommt Falten –
aber eben auch viel mehr Freiheit.«

ISABELLA ROSSELLINI

Inhalt

EINLEITUNG

Krisenbewältigung in der heißen Phase

So oder so: Wir müssen darüber sprechen

Irgendwann um meinen vierzigsten Geburtstag herum verließ mich die ungestörte Nachtruhe. Statt erholsam zu schlafen, erwache ich nun mitten in der Nacht im schweißklammen Nachthemd. Wenn es richtig schlecht läuft, liege ich stundenlang wach. Meine Zyklen erstrecken sich mal über Wochen, dann scheint eine Periode unmittelbar auf die nächste zu folgen. Dazu ziehen in meinem Kopf dunkle Wolken auf, solche, die nicht nur Unsicherheiten, sondern mitunter blanke Wut in sich tragen. Völlig unvorhergesehen entladen sie sich in gewitterartigen Erschütterungen – neulich hätte ich fast mit einem Topf nach meinem Mann geschmissen. Gelegentlich erschrecke ich vor mir selbst: Wer ist diese übernächtigte Furie?

Früher schlief ich wie ein Murmeltier und hätte mich auch nicht als Mensch »mit kurzer Zündschnur« bezeichnet, im Gegenteil, eigentlich hatte ich mich immer ziemlich gut unter Kontrolle. Und von außen betrachtet könnte man mich nach wie vor als gut funktionierende Frau bezeichnen: Ich bin 44 Jahre alt, mein Sohn geht aufs Gymnasium, seit etwa zehn Jahren arbeite ich erfolgreich als Autorin und Journalistin. Finanziell bin ich von meinem Mann unabhängig, meine Beziehung ist seit 15 Jahren glücklich, und schwere Lebenskrisen habe ich in meinen Zwanzigern abgehandelt. Entsprechend fällt es mir von Jahr zu Jahr leichter, klare Entscheidungen zu treffen. Außerdem kreisen meine Gedanken nicht mehr ständig um Männer – was für ein Energie-Gewinn! Dies sollte die beste Zeit meines Lebens werden, ich sollte fit, klug und selbstbewusst nach vorn schauen. Doch mein Körper scheint andere Pläne zu haben: Von einem Moment auf den anderen werde ich so müde, dass ich kaum noch gerade stehen kann. Ich reagiere weinerlich, gereizt und dünnhäutig. Warum?

Ich befinde mich im »Klimakterium«, genauer gesagt in der »Perimenopause«, einer unbestimmten Zeitspanne von bis zu zehn Jahren vor der allerletzten Periode, dem Endpunkt meiner Fruchtbarkeit, der wahrhaftigen Menopause (altgriechisch: *men* – Monat, *pausis* – Ende). Quatsch, mag man denken, dafür bin ich doch noch viel zu jung. Aber tatsächlich können erste Symptome durchaus schon in den Vierzigern auftreten. Rein biologisch gesehen ist das Klimakterium Teil des natürlichen Alterns. Nur: Für Frauen gelten hier andere Regeln als für Männer. Der männliche Alterungsprozess wird linear wahrgenommen, besser gesagt: Männer reifen. Frauen werden einfach nur alt.

Deswegen gleicht die Hormonschaukel, auf der mein Körper Platz genommen hat, einem gesellschaftlichen Schleudersitz, exklusiv reserviert für Frauen im mittleren Alter. Hier hocke ich – abgeschottet, in einer veralteten Gondel aus Mythen, Falschinformationen und einer endlosen Reihe an Widersprüchen.

In diesem Stadium nimmt man mich als latente gesellschaftliche Last wahr. Ich scheine nicht belastungsfähig, nicht vernünftig genug, um als vollwertig ernst zu nehmend durchzugehen: *Wohl nicht ganz im hormonellen Gleichgewicht, was?* Danke.

Die Menopause, wenn überhaupt besprochen, überbietet selbst PMS noch an Geringschätzung. Als bräuchte ich das, denn ganz ehrlich: Wer hat schon Lust auf die Wechseljahre? Auf depressive Verstimmungen? Auf Hitzewallungen? Auf Klischees und Witze oder gar billige Beleidigungen und Sticheleien?

Bestenfalls werde ich nun als »anstrengend«, schlimmstenfalls als »verrückt« bezeichnet, denn »menopausal« bedeutet für viele immer noch »ausgetrocknet«, »unweiblich« und »krank«. Und diese »Krankheit« ist irgendwie peinlich, weil sie genau das infrage stellt, was bei vielen Frauen ohnehin angeknabbert oder vielleicht erst seit wenigen Jahren in irgendeine Form von Einklang gekommen ist: das sexuelle Selbstwertgefühl.

Natürlich wird heute keine Frau über vierzig mehr ernsthaft aufgefordert, sich »zurückzuziehen«, aber es gibt bestimmte Bedingungen für den Verbleib im gesellschaftlichen Leben.

Der unausgesprochene Deal für mich als »moderne Frau« im mittleren Alter klingt in etwa so: Während der Wechseljahre wird erwartet, dass ich meine Befindlichkeiten für mich behalte und nach außen weiter funktioniere. Eventuelle Beschwerden habe ich abgeschieden und für mich allein auszuhalten, denn schließlich erlebt sie jede Frau ganz individuell und zu einem anderen Zeitpunkt. Oder vielleicht auch gar nicht. Dabei habe ich möglichst schlank und sportlich oder auch besonders natürlich aufzutreten.

Der äußere Alterungsprozess vollzieht sich im Gegensatz zu den biologischen Wechseljahresbeschwerden öffentlich und wird ungefragt kommentiert. Stehe ich zu meinem Alter, lasse die grauen Strähnen wachsen und Falten unbehandelt, dann altere ich »in Würde« und muss ständig übers Älterwerden und -sein sprechen. Lasse ich mir jede einzelne Falte wegbotoxen und meine schlaffen Züge mit Collagen-Fillern aufpolstern, ohne dass man es erkennt, sehe ich super aus und darf einfach weitermachen. Wenn man mich dann nach meinem Alter fragt und ich ehrlich antworte, werde ich gelobt, als hätte ich etwas geleistet. Werden diese Eingriffe jedoch für Außenstehende sichtbar, muss ich mich erklären, denn dann habe ich ganz offensichtlich ein »Problem« mit dem Älterwerden, ich »spritze mich jung«, kann »nicht loslassen«. Aber bitte nicht zu laut zu lange darüber lamentieren, das wirkt dann richtig verzweifelt.

Gelingt es mir, einen annehmbaren Mittelweg in meiner äußeren Erscheinung zu gehen und die unappetitlichen körperlichen Symptome mit mir selbst auszumachen, darf ich weiter als arbeitende Frau mit Meinung gehört werden und sogar als quasi sexuelles Wesen auftreten – mit Einschränkungen, versteht sich. Die Quittung dieser Duldung erscheint bei postmenopausalen Frauen häufig in einer Art Nebensatz – Iris Berben, »so sinnlich, mit 65« (oder eben mittlerweile 70). Jennifer Lopez – »Bikini-Body, mit 52«, Judy Dench, »Filmstar, mit 72«. Als wäre Sinnlichkeit mit über fünfzig Jahren an sich schon eine Sensation. Die Einschränkung, sexy, aktiv, erfolgreich etc. *trotz* Alter, steht immer noch ganz selbstverständlich in jeder Überschrift.

Natürlich soll meine Laune konstant gut bis angepasst bleiben: allzu angriffslustig ist ebenso verpönt wie weinerliches oder gar klagendes Auftreten. »Jammern steht dir nicht«, hat mal ernsthaft jemand zu mir gesagt. Eine Kollegin über fünfzig ging mit tauben Fingern zum Arzt und wurde kommentarlos zum Psychiater überwiesen. Dabei brauchte sie keine Antidepressiva, sondern eine seriöse neurologische Behandlung. Stattdessen diagnostizierte man sie ohne Untersuchung als »leicht reizbar«.

Offensichtlich hat mein Umfeld, vor allem die Arbeitswelt, wirklich Angst vor echten weiblichen Emotionen. Deswegen wird Disziplin eingefordert, Zusammenreißen ist angesagt. Cool, entspannt und vor allem sachlich sollen wir bleiben. Nur nicht hysterisch werden, das kommt gar nicht gut an.

Guter Witz. Als wären Frauenkörper jemals sachlich besprochen worden. Der Großteil ernst zu nehmender Forschungen zum Klimakterium wurde erst in Auftrag gegeben, *nachdem* 2002 die sogenannte »Women's Health Initiative«-

Studie ergeben hatte, dass Frauen, die ein Hormonpräparat einnahmen, 100 Prozent mehr Thrombosen, 41 Prozent mehr Schlaganfälle, 29 Prozent mehr Herzinfarkte entwickelten und um 26 Prozent häufiger an Brustkrebs erkrankten. Im Klartext heißt das, dass jahrzehntelang großzügig und unreflektiert Medikamente an Frauen verteilt wurden, die sie krank machten. Die Folge des Skandals: Verbote! Die Schlussfolgerung: Bloß nicht behandeln lassen!

Dieses Buch ist der Versuch einer Entmystifizierung der Wechseljahre. Ich möchte von Tabus, Widersprüchen und Irrglauben rund um dieses Thema sowie von Gesundheits-und-Wellness-Mythen erzählen.

Immer mehr Frauen erreichen das mittlere Alter, vermutlich sind viele darunter, die wie ich seit über zwei Jahrzehnten ihre eigenen Entscheidungen treffen und beabsichtigen, dies auch für den Rest ihres Lebens zu tun. Ich möchte den weiblichen Alterungsprozess nicht als psychische Störung, als Ende von Attraktivität oder gar Schaffenskraft akzeptieren. Hier ist eine zeitgemäße, umfassende Betrachtung der Wechseljahre wichtig, die neben der medizinischen auch die kulturelle Dimension berücksichtigt.

Die folgenden Kapitel sind eine Einladung, die Wechseljahre weder als sinnschwangere Metamorphose noch als zehn Jahre anhaltende Lebenskrise zu betrachten, sondern als einen Lebensabschnitt, in dem Hormone nach Pubertät und Schwangerschaft ein weiteres Mal im Leben Veränderungen hervorrufen. Ein Lebensabschnitt, den man sogar für sich nutzen kann, sobald die anfängliche Empörung darüber, dass einem die Kontrolle über den eigenen Körper zu entgleiten scheint, erst einmal überwunden ist. Besser erträglich ist es, wenn man stattdessen einfach weiß: Vielleicht werden die nächsten Jahre anstrengend, und das ist okay. Denn Veränderungen setzen enorme Mengen an Energie frei.

Es heißt, ein Drittel aller Frauen erlebe starke, ein Drittel mäßige und ein Drittel gar keine Symptome. Um die Menopause neu zu erzählen, möchte ich eine Sprache finden, die weder pathologisiert noch urteilt: In diesem Buch wird es keine Anleitung geben, die Wechseljahre zu »überleben«, »auszuhalten« oder gar »zu bekämpfen«. Dies ist kein Survival- oder Trauerbuch, sondern das Angebot, offen und zeitgemäß über ein Thema zu sprechen, das immerhin die Hälfte der Weltbevölkerung irgendwann betrifft: das biologische Ende der weiblichen Fruchtbarkeit.

Der bisherige Ton des populären Wissens über die Wechseljahre kommt aus der Ratgeberliteratur: Hier wird die Menopause als eine Art Abschied umschrieben, gerne bebildert mit einer lächelnden Frau, die eine Teetasse mit beiden Händen umklammert hält, als stecke eine große Wahrheit darin. Sie trägt einen dicken Schal, als wolle sie die Falten und die mitunter hängenden Hautlappen, die sich jenseits der vierzig gern um den Hals ansammeln, mit Gemütlichkeit überspielen. Ich finde mich in diesen Bildern nicht wieder. Ich bin keine »Betroffene«, mir ist eben manchmal warm (oder kalt). Ich »verabschiede« mich von gar nichts, ich »verdorre« und »vertrockne« auch nicht. Mein Körper verändert sich, das gehört zum Leben.

Die amerikanische Feministin und Journalistin Gloria Steinem beschrieb in ihrem Essay »If Men Could Menstruate« (»Wenn Männer menstruieren könnten«), dass Männer, wenn sie ihre Tage hätten, damit angeben würden, wie viel und wie lange sie Blut verlieren. Die würden »Menopause als positiven Meilenstein feiern, an dem ein Mann so viel zyklische Weisheit gesammelt hat, dass er nun keine mehr braucht« (Übers. M.S.). So möchte ich mich sehen: Als Mensch, der nach dreißig Jahren Regelblutung und einer Schwangerschaft so viel Wissen über diesen Kreislauf des Lebens gesammelt hat, dass er ihn nun hinter sich lassen und seine Sachkenntnis darüber weitergeben darf.

Denn Expertise gibt es wirklich wenig. Wir hantieren in Menopausen-Fragen mit Halbwissen. Googelt man »Menopause« erfährt man, dass der Begriff nur die letzte Monatsblutung einer Frau meint, nach der mindestens zwölf Monate lang keine Menstruation mehr erfolgt. Die circa vier bis zehn Jahre davor, die Hitzeattacken und Schlafprobleme bereiten, sind eben als Wechseljahre oder – medizinisch korrekter – als Perimenopause bekannt. Das ist die Phase, in der ich mich gerade befinde.

Die gesamte hormonelle Veränderung, von Prämenopause (den Jahren, bevor harte Symptome auftreten, in denen der Hormonspiegel allerdings schon deutlich fällt), Perimenopause und Menopause bezeichnet man zusammen als Klimakterium.

Ich werde von jetzt an vom Klimakterium und der Perimenopause sprechen. Wenn man einen Weg finden möchte, sich klischee- und wertfrei mit den Wechseljahren zu beschäftigen, fängt das bei der richtigen Wortwahl an. Klimakterium scheint mir passend. Es stammt vom altgriechischen Wort *klimaktér,* zu Deutsch »Stufenleiter« oder »kritischer Zeitpunkt im Leben«. Im späten 19. Jahrhundert wurde sogar das Wort »Stufenjahre« im Deutschen verwendet. Ob die Stufen rauf oder runter führen, lässt der Begriff erfreulicherweise vollkommen offen. Es mag ein sperriges Fremdwort sein, aber wenigstens ist es im Gegensatz zur »Menopause« oder den »Wechseljahren« nicht von über 300 Jahren Mythen und Missverständnissen geprägt.

Über das Klimakterium kann man mit frischem Blick schreiben, eine neue Seite aufschlagen, relevante, lebensnahe Erzählungen notieren.

Das Klimakterium ist in den letzten drei Jahrhunderten von mächtigen medizinischen und kulturellen Strömungen gekapert und gefangen gehalten worden. Folglich, so stelle ich fest, wissen selbst viele emanzipierte Frauen nicht, wie sie mit dieser Zeit in ihrem Leben umgehen sollen. Werden Beschwerden für alle sichtbar – in Form einer Hitzewallung oder plötzlichen Wutattacken –, scheint es immer Grund für Scham und Entschuldigungen zu geben. Letztendlich wissen auch reflektierte Frauen häufig nicht, wie genau sich dieses Klimakterium überhaupt bemerkbar macht.

Ich habe mir Hilfe geholt: Von der Heilpraktikerin Anja Scherret, die sich auf Frauengesundheit spezialisiert hat, von der Gynäkologin Sheila de Liz, der buddhistischen Theologin Neky Cheung, der Ökotrophologin Susanne Liedtke, die ein Menopausen-Start-up gegründet hat. Darüber hinaus von der Schriftstellerin Mirna Funk, die sich durch Social Freezing, das Einfrieren ihrer Eizellen, die Hoheit über ihre Fruchtbarkeit erhalten möchte, und von der Gesundheitswissenschaftlerin Theda Borde, die eine der wenigen weltweiten Studien zum Klimakterium bei Frauen mit unterschiedlichen Migrationshintergründen durchgeführt hat.

Kräftige Unterstützung erhalten Menopausenmythen in diesem Teil der Welt übrigens durch die Jugendkultur des 20. Jahrhunderts. Der Health-and-Beauty-Markt profitiert davon, »Better-Aging«- und mittlerweile auch Menopausen-Produkte boomen. In Ländern wie meinem Heimatland Südkorea, in denen Alter kulturbedingt mit positiven Eigenschaften wie Erfahrung und Weisheit gleichgesetzt wird, werden weniger starke Symptome bei den Frauen aufgezeichnet. Allerdings geht die Tendenz in den letzten zehn Jahren stark nach oben. Warum ist das so? Auch dieser Frage werde ich nachgehen.

Letztendlich möchte ich davon erzählen, dass der Verlust von Fruchtbarkeit einen Gewinn von Freiheit und Selbstbestimmung bedeuten kann. Älter werden, so schreibt die nigerianische Schriftstellerin Chimamanda Ngozi Adichie in ihrem Buch *Liebe Ijeawele – Wie unsere Töchter selbstbestimmte Frauen werden,* habe sie entscheidungsfreudiger gemacht, denn: »Ich spüre, dass ich keine Zeit mehr habe, herumzuhühnern.« Sie ist genauso alt wie ich – Jahrgang 1977 –, also noch nicht wirklich alt, aber eben auch nicht mehr jung. Ich spüre, dass mein Körper einen anderen Gang einlegt, ein anderes Tempo vorgibt. Ich befinde mich in der Mitte meines Lebens und möchte die zweite Hälfte ebenso wach erleben wie die erste,

Klimakterium hin oder her. Nur wenn Frauen laut und durchaus leicht gereizt über ihr Altwerden sprechen, verliert »die Menopause« ihr gesellschaftliches Stigma.

Wenn ich ganz ehrlich bin, habe ich bei der Arbeit an diesem Buch festgestellt, dass auch ich alles andere als vorurteilsfrei an das Klimakterium herangehe. Und erzählte ich beispielsweise Freund*innen, dass ich an einem Buch über die Menopause arbeite, blickte ich immer wieder in peinlich betretene Gesichter, als wollten sie sagen: Wirklich? Das hat nichts mit mir zu tun!

Beim Schreiben über meine eigenen Beschwerden fürchte ich plötzlich um meine Außenwirkung: Wird man mich fortan als die alte Schachtel wahrnehmen, die über »austrocknende« Eierstöcke geschrieben hat? Könnte ich womöglich entwertet werden, weil ich mich öffentlich zu einem Thema äußere, das mit dem vermeintlichen Ende der Weiblichkeit in Zusammenhang gebracht wird? Werde ich noch als *fuckable* gelten, wenn ich die bin, die über perimenopausale Starkblutungen und extra weiches klimakterisches Bauchfett geschrieben hat?

Es ist schon fast lustig, dass ich mich selbst daran erinnern muss, dass mein Körper auch ohne Sex als biologische Einheit existiert und Bedürfnisse hat. Die Klischees darüber, was weiblich und demnach begehrenswert ist, sind so tief in mir verwurzelt, dass ich mir klarmachen muss, dass ich dieses Buch auch schreiben wollte, um die Frage nach der Definition von Weiblichkeit an sich zu stellen: Können und müssen wir in Zeiten von non-binären Geschlechtsauffassungen, von Social Freezing und In-Vitro-Fertilisation nicht endlich damit aufhören, Weiblichkeit an Fruchtbarkeit zu koppeln?

Seit ich denken kann, legte man mir nahe, mein Leben an der »Seite eines Mannes« zu verbringen. Doch das Ende meiner biologischen Fruchtbarkeit soll ich, wie offenbar alle unpolierten Teile des Frauseins – Stichwort Periodenblutungen oder Wochenbett –, mit mir allein ausmachen. Dabei hat das Klimakterium in all seiner Widerborstigkeit etwas überaus Faszinierendes: Mein Körper, der über viele Jahre mehr oder weniger gut funktioniert hat, fordert nun Aufmerksamkeit, besondere Pflege und Fürsorge – oder *Care,* wie man mittlerweile sagt. Er lässt sich nicht mehr kontrollieren, sondern besteht auf eine gesunde Co-Existenz.

Ich möchte dieser Aufforderung folgen. Was genau das mit sich bringen wird, weiß ich noch nicht. Wie gesagt: Jede Frau empfindet die Wechseljahre anders. Wichtig ist, dass ich sie nicht allein bestehen muss. Ich kann mich mit anderen Frauen austauschen, ich kann Hilfe annehmen, eine neue Gemeinschaft erleben. Also: Sprechen wir über die Untiefen des weiblichen Körpers, die dünner werdende Haut, die Gesichtsbehaarung, die Schwitzattacken. Auch – und gerade das! – ist weiblich.

Die Schauspielerin Isabella Rossellini wurde in meinem Alter vom Kosmetik-Riesen Lancôme als Model gefeuert, das war im Jahr 1996. »Man sagte mir damals, Werbung spiele mit Träumen und Frauen träumen immer davon jung zu sein. Ich konnte dieses Ideal nicht mehr verkörpern«, erinnert sie sich. 2018 holte die neue, weibliche General-Managerin von Lancôme, Françoise Lehmann, die damals 65-jährige Rossellini wieder zurück, denn: »Frauen in ihrem Alter fühlen sich ausgegrenzt, nicht gesehen. Wir wollen ihnen das Gefühl geben, dass sie dazugehören.«

Wir werden dazugehören, denn die Zeit ist auf unserer Seite. Es gibt weltweit 500 Millionen Frauen über fünfzig – und es werden mehr. Unmöglich, all diese Frauen für den Rest ihres hoffentlich langen Lebens zu marginalisieren.

TEIL I

WTF?!

Schlechtes Timing, wenig Wissen: mein Körper im Sinkflug

KAPITEL 1

Stärkere Blutungen

Verklumptes Frausein: von Blutlachen, schulterzuckenden Gynäkolog*innen und weisen Walkühen

Kann es ein Zeichen guter Gesundheit sein, wenn der eigene Körper einen großen, dunkelroten Gewebehaufen ausscheidet? Das frage ich mich, während ich in die Toilette blicke. Dort liegt ein dunkler Klumpen, von der Farbe nicht unähnlich einer Geflügelleber, aber größer, vielleicht so lang wie eine kleine Banane.

Direkt nachdem ich meinen Sohn zur Welt gebracht hatte, habe ich etwas Ähnliches geboren, damals war allerdings ganz klar, um was es sich handelte: die Plazenta. Diesmal aber habe ich nur mal wieder meine Tage. Besser gesagt, eine XXL-Variation davon: Schon bevor der glibberige Brocken das Tageslicht erblickte, hatte ich so viel Blut verloren, dass ich mich fragte, wie lange man so stark bluten kann, ohne ohnmächtig zu werden. Oder einfach: ohne zu verbluten. Splatterverdächtig. Und das jetzt auch noch.

Kurz ziehe ich in Betracht, einen Krankenwagen zu rufen. Schließlich könnte sich alles Mögliche in dem Flatschen verbergen, ein Stück von einem lebenswichtigen Organ beispielsweise, theoretisch sogar eine Fehlgeburt. Ich hole einen Zahnstocher aus der Küche, pike in den Zellhaufen und fühle erleichtert keinerlei Widerstand in Form von Muskeln. Es ist also kein Organ, dies ist kein medizinischer Notfall. Doch meine DNS steckt trotzdem in diesem geleeartigen Klumpen. In jeder dieser Zellen ist eine Art Selbstzerstörungscode einprogrammiert: Aus bisher wissenschaftlich ungeklärten Gründen hören Zellen irgendwann einfach auf, sich zu regenerieren. Bei Männern heißt dieser Vorgang »natürlicher Alterungsprozess«. Bei mir heißt dieser Code, wie bei allen als Frauen geborenen Menschen, Klimakterium – per Symptom jetzt schön sichtbar in meiner eierschalenfarbenen Toilettenschüssel.

Glücklicherweise sind große Zellbrocken während der Periode googlebar; ein Griff zum Smartphone, und schon fühle ich mich besser. Die biologische Erklärung dafür klingt beruhigend und einleuchtend: Wenn der Zyklus unregelmäßig wird, baut sich in der Gebärmutter mehr Schleimhaut auf. Setzt die Periode dann doch ein, werden diese – gelegentlich handtellergroßen – Stücke abgestoßen. Gut zu wissen, es ist also kein Arztbesuch nötig, es gibt noch nicht einmal Grund zur Sorge. Danke, Internet.

Als alltäglich möchte ich den Vorfall allerdings nicht hinnehmen, denn schließlich begegne ich meinem sprichwörtlich tiefsten Inneren nicht jeden Tag auf so anschauliche Art und Weise. Dabei bin ich nicht unbedingt zartbesaitet in Periodendingen. Weil ich die Pille nie vertragen habe, verhütete ich als junge Frau mit Kupferspiralen, die ebenfalls eher stärkere Blutungen auslösen. Periodenblut empfinde ich weder als eklig noch als ermächtigend, sondern eher als notwendige Begleiterscheinung meines Frauseins.

Der neue, allmonatlich auftretende Verblutungsalarm ist mir allerdings etwas arg. Neulich bin ich morgens aufgestanden und habe, wie nach der Geburt, trotz Tampon auf dem Weg ins Bad Blut verloren. Es rann mir einfach die Beine hinunter, *my own private Horrorfilm*. Als ich jünger war, haben die meisten Frauen in meinem Umfeld noch so getan, als würde ihnen gar kein Blut aus dem Körper laufen, als wären wir »darüber hinweg«, die Periode überhaupt zu thematisieren – Tampon rein und gut. Eine öffentliche Debatte übers Menstruieren gab es in den Neunzigern nicht. Wie jetzt mit Starkblutungen umgehen? Wie cool bleiben? Sollte ich überhaupt cool bleiben?

Männer in meinem Freundeskreis zwischen vierzig und fünfzig berichten mittlerweile halb jammernd, halb witzelnd über Fersensporn, Muskelverkürzungen oder Hautalterung (»der Arzt sagt, das neue Muttermal am Kopf seien Altersflecken!«), während ihre Frauen ihre Weingläser halb voll stehen lassen und ab 23 Uhr anfangen zu gähnen. Keine meiner Freundinnen erzählte bisher in großer, gemischt-geschlechtlicher Runde von monatlichen Blutbädern und Perioden-Plazentas. »Zipperlein« solcher Art scheinen weniger sozial verträglich als gängige Beschwerden wie Rückenprobleme. Eigentlich eine lustige Vorstellung. Im Anschluss an die detailversessene Nacherzählung eines Halswirbel-MRTs ergreife ich das Wort:

»Mir ist auch was Komisches passiert: Heute morgen fiel ein großer Blutklumpen aus meiner Vulva!« Flatsch.

Eine Freundin flüsterte mir neulich zu, dass sie eigentlich, wenn sie ihre Familie behalten wolle, jeden Monat während der PMS-Phase ins Hotel ziehen müsste. Sie ist so alt wie ich, Mitte vierzig. Ihr Körper sei »außer Kontrolle« in der zweiten Zyklushälfte.

Kenne ich. PMS, seltsame Perioden – irgendwas fühlt sich anders an. Zeit, eine Expertin hinzuzuziehen. Ich rufe meine Frauenärztin an. Als ich der Assistentin sage, dass ich vermutlich perimenopausale Beschwerden habe, fragt sie mich, ob mir denn sonst noch etwas fehle. Nein, will ich sagen, doch ich besinne mich in letzter Sekunde eines Besseren: »Ich habe immer so starke Bauchschmerzen in der Mitte meines Zyklus.«

Prompt bekomme ich einen Termin – in zwölf Wochen.

Am ersehnten Tag erklärt meine Gynäkologin, dass all meine Beschwerden völlig normal seien. Am besten wirke die Pille. (Vertrage ich nicht, erinnere ich sie. Es gibt neue, bessere Präparate, antwortet sie. Das sagt sie immer, deswegen antworte ich: Ich möchte es nicht versuchen. Sie atmet tief ein und schweigt.) Danach empfiehlt sie Mönchspfeffer. Es dauere etwa drei Monate, bis die mögliche Wirkung eintritt, referiert sie, auch Homöopathie helfe gut. (Ich glaube daran leider nicht, wieder dramatisches Schweigen vonseiten der Ärztin.)

Ansonsten gäbe es Hormonpräparate, die sie allerdings nicht empfehlen könne. (Warum? Die Einstellung sei so schwierig. Hm.)

»Was ist denn mit meinem Körper los?«, frage ich.

»Ich nehme an, Sie haben Hormonschwankungen.«

»Können Sie über ein Blutbild oder Speichel rausfinden, welches Hormon schwankt?«, frage ich weiter.

»Warum denn?«, fragt sie zurück. »Ihre Hormone sind heute so und morgen so. Das nützt Ihnen gar nichts. In Ihrem Alter sind bestimmte Beschwerden ganz normal. Sie müssen lernen, damit zu leben.«

Ende des Gesprächs.

Die Gynäkologin ist vermutlich fünf Jahre jünger als ich. Wo genau dieses »bestimmte« aushaltbare Maß liegt, behält sie auch für sich. Ich frage mich, ob sie in fünf Jahren ihre »Beschwerden« auch altersangemessen aussitzen wird, weil eine Beratung offensichtlich nicht vorgesehen und eine Behandlung noch nicht notwendig ist.

Überhaupt: Es gibt anscheinend keine einheitliche medizinische Haltung zu Beschwerden im Klimakterium. Kurz nach meinem vierzigsten Geburtstag ging ich zur ersten Ü40-Untersuchung bei meiner Hausärztin. Damals verspürte ich bereits eine dauernde bleierne Erschöpfung aufgrund von Durchschlafproblemen, konnte die aber noch gar nicht zuordnen. Es fühlte sich an, als liefe mein Leben in Zeitlupe ab. Ich war richtig besorgt: Fehlt mir etwas? Im Blutbild deutete erfreulicherweise nichts auf ernsthafte Erkrankungen hin, trotzdem blieb die Müdigkeit.

Meine Hausärztin ist wiederum vermutlich zehn bis fünfzehn Jahre älter als ich und kommentierte zum Ende des Gesprächs meine Blutwerte mit den Worten: »Sie haben wahrscheinlich frühe Menopausalbeschwerden. Haben Sie schon mal von der Perimenopause gehört?«

Ich habe sie damals nicht verstanden. Perimenopause ist kein gutes Wort für mich, rein akustisch. Nicht nur meine Reproduktions-, sondern auch meine Sinnesorgane lassen nach. Seit ein paar Jahren werde ich zunehmend kurzsichtiger und schwerhöriger, genauer gesagt leide ich unter Hochtonschwerhörigkeit. Ich kann hohe Töne kaum noch hören und folglich keine Konsonanten mehr verstehen. Aus Perimenopause wird »E*i*e*o*au*e«. Fragend schaute ich sie an.

»P-E-R-I-M-E-N-O-P-A-U-S-E!«, wiederholte sie betont.

»Oh, ach so«, antwortete ich und fühlte mich sofort deutlich älter als vierzig. Vorsichtshalber fragte ich: »Das geht jetzt schon los?«

Sie nickte ihr stoisches Nicken, dann fügte sie, in für sie uncharakteristisch mütterlichem Ton, hinzu: »Ich würde Ihnen empfehlen, das zu beobachten. Das ist ganz normal. Die meisten Frauen sind sich gar nicht darüber im Klaren, wie früh man erste Beschwerden spüren kann. Wenn irgendwas zu belastend wird, sprechen Sie mit Ihrer Frauenärztin.«

Würde ich gern, klappt aber nicht. Die Ursachen für die Schwerhörigkeit hingegen sind weniger nebulös: Sie ist ein Souvenir der Ausgehfreudigkeit meines jüngeren Ichs – vermutlich habe ich zu viel Zeit auf Konzerten und in Clubs verbracht. Mittlerweile ist mein Gehör so schlecht geworden, dass ich Hörgeräte trage. Es hat fünf Jahre gedauert, bis ich mich darum gekümmert habe. Scheint normal zu sein, Altersverschleiß erst mal gekonnt zu ignorieren: Ich beobachte, dass Freund*innen Bücher, Zeitschriften oder auch Speisekarten immer weiter von den Augen weghalten, um die Buchstaben entziffern zu können, anstatt sich einfach eine Lesebrille zu besorgen. Entsprechend schob ich den Gang zur Hörakustikerin jahrelang auf: Ich redete mir ein, Leerstellen seien besser als bedeutungsschwere Worte wie Perimenopause. Oder Klimakterium. Jetzt, mit Hörhilfen, verstehe ich alles wieder ein bisschen besser.

Es wäre schön, wenn es gegen Klimakterialbeschwerden etwas Ähnliches geben würde wie eine Brille oder ein Hörgerät. Etwas Konkretes, das man mit schlechtem Gewissen noch ein paar Monate aufschieben kann, dann zähneknirschend angeht und sich anschließend über die immense Besserung freut. Die moderne Medizin kann Herzen durch Schrittmacher am Laufen halten, Körper während einer Operation in Kälteschlaf versetzen, Kinder im Reagenzglas zeugen und nicht zuletzt hormonbedingte Erektionsstörungen bei Männern durch die Gabe eines zuverlässigen Medikaments kompensieren. Beschwerden im Klimakterium hingegen ist medizinisch anscheinend wenig entgegenzusetzen.

Dabei wäre es so schön: Eine einzige blaue Pille, und das Nachthemd ist nicht um zwei Uhr morgens völlig durchgeschwitzt. Eine einzige blaue Pille, und der Nebel, der sich im

Kopf immer wieder breitmacht und Gedanken und Zusammenhänge verschleiert, klart plötzlich auf. Eine einzige blaue Pille, und die Hitze steigt mir nicht mehr aus dem Nichts vom Brustkorb den Hals hinauf in den Kopf. Meine Wangen werden nicht mehr so rot, als hätte ich einen doppelten Wodka gefrühstückt.

Eine einzige blaue Pille, und ich bin körperlich wieder so resilient und zäh wie in meinen besten Zeiten.

Eine einzige blaue Pille – und diese allmonatlichen Splatterfilme im Bad hören auf.

Entsprechend überrascht es mich kaum, dass die Frauengeneration meiner Mutter, die nicht auf das Internet als allwissende Müllhalde zurückgreifen konnte, vollkommen unwissend und verschämt in ihre Wechseljahre stolperte. Damals gab es eine Universalmedizin gegen Beschwerden: Hormontherapie. Natürlich gibt es die auch heute noch. Mithilfe von unterschiedlichen Präparaten, ob nun synthetischen oder bioidentischen Hormonen, kann das körpereigene Defizit ausgeglichen werden. Es gibt nur zwei Probleme damit: Synthetische Hormone können möglicherweise Krebs verursachen. Und wann genau der richtige Zeitpunkt ist, mit irgendeiner Hormontherapie anzufangen, ist auch offen. Was aber schon mal helfen würde, wäre Prävention durch Aufklärung. Nicht vergessen: Wissen ist Macht.

»Wir haben in den vergangenen Jahren Zeit und Mühe in die Aufklärung von Teenagern über die körperlichen Veränderungen während der Pubertät investiert. Für Frauen bringen die mittleren Jahre eine andere Art von Pubertät – die Perimenopause, eine Straße, die wir in unseren Vierzigern blind entlangschliddern, ohne ausreichende Informationen von Ärzt*innen und anderen Frauen«, schrieb Lisa Selin Davis in einem Kommentar in der *New York Times.* »Dabei wundern wir uns in stiller Scham über die Intensität und den anscheinend endlosen Prozess der körperlichen Veränderungen.« (Übers. M.S.)

Deutsche Krankenkassen übernehmen Beratungsgespräche zum Klimakterium nicht. Grund hierfür soll unter anderem sein, dass dieser Zeitabschnitt so schwer zu definieren ist. Niemand kann eine allgemeingültige Aussage treffen wie:

Das *Klimakterium beginnt punktgenau mit dem 43. Lebensjahr und endet mit dem 52. Diese neun Jahre können in drei jeweils drei Jahre andauernde Phasen unterteilt werden: In der ersten schläft man schlecht, in der zweiten ist einem ständig heiß oder kalt, am Ende bleibt die Periode aus, und das war's dann – Fruchtbarkeit, ade!*

Sorry, liebe Frauen: Die Sehnsucht nach einer solchen Verlaufsbeschreibung ist nicht erfüllbar. Warum nicht? Zunächst wurde in Sachen Klimakterium und Menopause bisher viel zu wenig geforscht. Die Menschheit, die jeden Millimeter auf der Landkarte kartografiert und das Weltall bereist hat, ist immer noch ziemlich unwissend in puncto Frauenmedizin.

Erst seit 1993 sind klinische Prüfungen für die Zulassung von Medikamenten sowohl an Männern als auch an Frauen Pflicht. Vorher wurde medizinische Forschung überwiegend an Männern durchgeführt und später bei beiden Geschlechtern angewandt.

Ebenfalls seit den 1990er-Jahren findet in der Medizin die sogenannte Menopause Rating Scale Anwendung. Auf einer Skala von 0 (keine Beschwerden) bis 4 (starke Beschwerden) werden folgende Befindlichkeiten eingeordnet:

- Wallungen, Schwitzen (aufsteigende Hitze, Schweißausbrüche)
- Herzbeschwerden (Herzklopfen, Herzrasen, Herzstolpern, Herzbeklemmungen)
- Schlafstörungen (Einschlafstörungen, Durchschlafstörungen, zu frühes Aufwachen)
- Depressive Verstimmung (Mutlosigkeit, Traurigkeit, Weinerlichkeit, Antriebslosigkeit, Stimmungsschwankungen)
- Reizbarkeit (Nervosität, innere Anspannung, Aggressivität)
- Ängstlichkeit (innere Unruhe, Panik)
- Körperliche und geistige Erschöpfung (allgemeine Leistungsminderung, Gedächtnisminderung, Konzentrationsschwäche, Vergesslichkeit)
- Sexualprobleme (Veränderung des sexuellen Verlangens, der sexuellen Betätigung und Befriedigung)
- Harnwegsbeschwerden (Beschwerden beim Wasserlassen, häufiger Harndrang, unwillkürlicher Harnabgang)
- Trockenheit der Scheide (Trockenheitsgefühl oder Brennen der Scheide, Beschwerden beim Geschlechtsverkehr)

- Gelenk- und Muskelbeschwerden (Schmerzen im Bereich der Gelenke, Rheuma-ähnliche Beschwerden)

Die Beschwerden sind schwer zu kontrollieren und zu kategorisieren. Einige Frauen erleben nur wenige, andere mehr Symptome, einige ganz andere, wie Hautprobleme oder Unverträglichkeiten. Eigentlich spiegelt das Klimakterium den gegenwärtigen Zeitgeist der westlichen Welt: Es ist vollständig individuell und kennt so viele Verläufe, wie es Frauen gibt.

Ein paar unumstößliche Tatsachen kann man dennoch festhalten: Für alle Frauen endet irgendwann die Fruchtbarkeit. Hormonelle Veränderungen im Körper lösen bei Frauen aller sozialen Schichten in allen Kulturen der Welt irgendwelche Symptome aus. Vermutlich werden die meisten angriffslustiger und schlafen schlechter. Kalt gelassen hat das Klimakterium Menschen noch nie: Erste Hypothesen über die Menopause stammen aus der Antike. Aber genaue Aussagen zu Zeitpunkt und Dauer kann letztendlich niemand machen. Gerade aufgrund dieser Variablen fände ich es extrem hilfreich, wenn meine Gynäkologin mir statt des schulterzuckenden Pillenvorschlags ein umfangreiches Vorsorgegespräch angeboten hätte. Mir erklärt hätte, was auf mich zukommt, und auch, was ich selbst tun kann.

Frag mal deine Mutter, empfiehlt mir eine 50-jährige Freundin, die »natürlich« mit ihren Freundinnen und ihrer Mutter übers Klimakterium spricht.

»Was für Beschwerden hast du denn?«, frage ich nach.

»Noch gar keine!«, antwortet sie mir triumphierend, als wäre das ein persönlicher Erfolg. »Aber wenn ich was merke, spreche ich sofort mit meiner Mutter.«

Meine Mutter verstarb vor ein paar Jahren an Brustkrebs im Milchgang. Ihre Erfahrungen mit dem Klimakterium kann ich nicht mehr erfragen. Ich erinnere mich auch nicht, dass sie je Symptome erwähnt hätte. Stabil war sie ohnehin nie, sie litt lebenslang unter einer schweren Angsterkrankung. Mit Mitte vierzig brach sie völlig zusammen und verließ aufgrund schwerer Panikattacken jahrelang nicht mehr das Haus. Heute frage ich mich natürlich, inwiefern die Zuspitzung ihrer psychischen Erkrankung auch hormonell bedingt war oder zumindest von klimakterischen Beschwerden mitausgelöst wurde. »(Hitzewallungen) sind wie Panikattacken, kommen plötzlich und sind nach vier Minuten vorbei«, schreibt Darcey Steinke in ihrem Buch *Fliegende Hitze.* Wäre es der psychischen Gesundheit meiner Mutter zuträglich gewesen, wenn man offener und ehrlicher übers Klimakterium gesprochen hätte? Wenn ihr Frauenarzt sie aufgeklärt hätte? Wenn ihre Freundinnen untereinander zugegeben hätten, wie es ihnen ging?

Übrigens: Die Mythen um die Menopause sind kaum von denen um den weiblichen Körper insgesamt zu trennen. In meinem Fall gestaltet sich das noch etwas komplizierter. Als koreanische Waise mit unbekannten leiblichen Eltern bin ich der westlichen, so fortgeschrittenen Medizin häufig ein Rätsel. Die Frage, ob in meiner Familie Erbkrankheiten vorkommen, kann ich beispielsweise nicht beantworten, denn meine genetischen Verwandten kenne ich nicht. Darüber hinaus hält sich ein zäher Menopausen-Mythos: Hey, ihr Asiatinnen habt doch gar nicht so schlimme Beschwerden in der Menopause! Okay. Wir circa 500 Millionen asiatische Frauen sind eigentlich alle gleichermaßen topfit, schlank und alterslos, schließlich sehen wir ja auch alle gleich aus!

Noch mehr aus der Mottenkiste: Meine Mutter behauptete noch, dass Frauen, die ihre Tage haben, keinen Hefeteig backen dürfen (Teig geht nicht auf) und nicht zum Frisör gehen sollten (Färbungen und Dauerwellen schlagen nicht an). Schwangere sollten »für zwei« essen, Frauen könnten »nicht logisch denken«. Ehemänner müssten Frauen »auf Händen tragen« … zumindest solange sie noch knackig und fruchtbar sind.

Scheinbar ist der weibliche Körper nur so lange interessant, wie er als Sexualobjekt, Gebär- und Stillorganismus von Nutzen ist. Jetzt, im Älterwerden, im biologischen Zerfall bekomme ich ihn kommentarlos zurück. Im mittleren Alter wird die jahrelange Objektifizierung und Sexualisierung gesellschaftlich ins Gegenteil umgekehrt. Alt und fast unfruchtbar ist mein Körper nicht mehr von Interesse. Kein Wunder, dass manche Frauen Panikattacken bekommen. Immer wieder stellt sich die Frage nach dem Frausein: Was genau bleibt von einer Frau übrig, wenn sie ihre sogenannte biologische Definition, die Fruchtbarkeit, verliert?

Eine alte Schachtel.

Plötzlich offenbart sich der ganze Blödsinn des Frauenbilds in unseren Breitengraden. Nun wird mir die ganze Idiotie der Fragen, die mich jahrelang quälten, noch ein bisschen klarer:

- Bin ich over- oder underdressed?
- Ist die Schicht Schminke auf meinem Gesicht zu dick oder zu dünn, der Lippenstift zu grell oder zu klebrig?
- Sind Asiatinnen schärfer als andere Frauen?
- Hatte ich bis jetzt zu viele oder zu wenige Sexualpartner*innen?
- Hatte ich genug »richtige« Orgasmen?
- Habe ich bei der Partnerwahl »eine gute Partie« gemacht?
- Habe ich im richtigen Tempo Karriere gemacht?
- Bin ich im Meeting zu forsch aufgetreten?
- Habe ich genug »Raum eingenommen«?
- Ist mein Job mit meiner Mutterschaft vereinbar?
- Stimmt meine Work-Life-Balance?
- War ich eine angemessen dicke oder zu dünne Schwangere?
- Warum habe ich nicht mehr als ein Kind bekommen?
- Habe ich genug für mich getan?
- Habe ich zu viel für andere getan?
- War ich auf der Party zu laut oder zu leise?
- Habe ich mich gut präsentiert, war ich charming und smart, habe ich den männlichen Gästen genug Raum gelassen?

Und so weiter. Dieser Film läuft so selbstverständlich ab, dass ich ihn nicht einmal unter Selbstzweifel abspeichere, sondern als normalen inneren Monolog. Machen Männer sich auch ständig solche Gedanken?

Fachleute sagen, dass Frauen in ihren Zwanzigern und Dreißigern durch die hohen Werte weiblicher Sexualhormone kooperativer, anpassungsfähiger und stärker auf das Urteil anderer angewiesen seien. Wenn im Klimakterium die Produktion selbiger plötzlich einbricht, würde es für Frauen immer leichter, eigene Bedürfnisse zu artikulieren und sich nicht mehr daran zu orientieren, was andere von ihnen halten.

Wenn das stimmt, bin ich jetzt endlich frei. Am Ende der Phase körperlicher Instabilität mit all ihren Schwitzattacken, Wutausbrüchen, Midlife-Pickeln und nächtlichen Toilettenbesuchen werde ich keine Frau mehr sein, sondern nur noch ein Mensch. Eine Person, die sich, je nach Gusto, mithilfe moderner Kosmetik, Mode und jeder Menge Arbeit als »Frau« zurechtmachen *kann.* Vielleicht hätte meine Frauenärztin mir das sagen sollen.

Bei ihren Recherchen zum Klimakterium erfährt die furchtlose Autorin mittleren Alters außerdem, dass die Menopause an sich ein evolutionäres Defizit sei. Nur weibliche Menschen, Killer-, Schwert- und Narwale gehen durchs Klimakterium, alle anderen Säugetiere sind fruchtbar, bis sie sterben. Es gibt ein paar Thesen, warum die Natur Frauen überhaupt mit einem Verfallsdatum zur Fruchtbarkeit ausgestattet hat. Die populärste ist die sogenannte Großmutter-Theorie: Danach können Großmütter das Überleben der Enkelgeneration bestmöglich unterstützen, ohne mit der fruchtbaren Muttergeneration in Konflikt zu geraten. Großmütter können sich beispielsweise auf Organisation und Planung in Familien oder Gruppen konzentrieren. Sie haben, in anderen Worten, Führungsqualitäten. Eine Studie des US-Center for Whale

Research konnte die Großmutter-These für Schwertwale bestätigen: Ausschließlich nicht mehr fortpflanzungsfähige Weibchen leiten die Gruppen, weil sie in ihren Bewegungs- und Aktivitätsmustern nicht mehr eingeschränkt sind und nicht mehr säugen müssen. Ihre ganze Energie konzentriert sich aufs Anführen der Gruppe. Klingt einleuchtend.

Vielleicht kann ich Folgendes von Walkühen lernen: Nicht das Frausein selbst endet, sondern lediglich eine Phase davon. Nach dem Schnuller und dem Kochlöffel darf ich endlich mal das Stammeszepter schwingen. Oder, rein theoretisch, wie einst eine andere, berühmte Frau mittleren Alters, ins Kanzleramt einziehen. Weil ich jetzt, wenn ich denn mal ausgeschlafen bin, biologisch klar denken kann.

Meine Krankenkasse könnte Gynäkolog*innen durchaus 80 Euro dafür zahlen, um mir genau das zu erzählen (und um mir den Wahnsinn mit den Hormonen zu erklären). Frisch informiert dürfte ich dann der Welt verkünden, dass das Klimakterium nicht nur ein Abschied, sondern auch eine Phase der Befreiung ist, in der die patriarchalen Auflagen ans Frausein wie altes Periodenblut verklumpen und in gigantischen Flatschen aus dem eigenen Körper plumpsen.

Es ist gut, sich selbst von Zeit zu Zeit auf radikale Art und Weise zu begegnen. Das Stück aus meinem Inneren hat mich an das erinnert, was mich Frau und Mensch sein lässt. Alt werden ja, aber zu meinen eigenen Bedingungen.

KAPITEL 2

Leicht reizbar

»Nimm das doch nicht so persönlich«: von unterdrückten Wutausbrüchen und cholerischen Männern

Neulich im Asiatischen Supermarkt in Schöneberg: Ich stehe vor dem Kühlregal und kaufe einen Bund Asian Chives für ein Nudelgericht. Neben mir beugt sich eine weitere Kundin ins Regal. Ihr langer Körper steckt in bunten Klamotten. Ich spüre ihre Blicke schon eine ganz Weile, die Frau beobachtet mich mit freundlicher Neugier.

»Ich habe gesehen, dass du gerade diese (zeigt auf Asian Chives) gekauft hast. Was ist das denn?«

Die Art, wie sie »du« sagt, lässt mich vermuten, dass sie mich für deutlich jünger als sich selbst hält. Ich betrachte sie und denke, dass wir wahrscheinlich ungefähr gleich alt sind, zwei rüstige Mittvierzigerinnen. Sie überartikuliert ihre Worte nicht, aber: Sie spricht mit Bedacht. Ich kenne diesen Ton von mir selbst. Ich schlage ihn – oft automatisch – an, wenn ich mit kleinen Kindern spreche, die ich niedlich finde und von denen ich unbedingt gemocht werden möchte. Das ist keine unfreundliche oder gar feindselige Ansprache – im Gegenteil. Gäbe es eine Rassismus-Skala, würde diese sehr leise Form des positiven Rassismus vielleicht 0,8 Prozent anzeigen – meine Gereiztheit kommt mir folglich übertrieben vor, aber manchmal sind es die ganz feinen Stiche, die einen auf die Palme bringen.

Eine kantonesische Freundin, die in London als Produzentin in der Werbung arbeitet, erzählt, dass ihre Kolleg*innen sie ständig um Wok-Tipps bitten, obwohl sie niemals auch nur erwähnt hat, dass sie kochen oder gar Stir-Frys zubereiten kann. Aufgrund ihrer ethnischen Herkunft wird einfach angenommen, wokken sei ihr in die Wiege gelegt worden. Solche Kommentare, wie die Frage nach den Asian Chives, sind ein bisschen lästig, aber nicht schlimm. Kennt man: Man grinst, gibt den entsprechenden Rat und geht seiner Wege. Genau das hätte ich tun sollen.

Aber: Von einer Frau meines Alters in diesen Zeiten erwarte ich ETWAS MEHR SENSIBILITÄT! WENN WIR NICHT LERNEN, SOLIDARISCHER MITEINANDER UMZUGEHEN, DANN IST ALLES VERLOREN! ICH FRAGE IM REWE AUCH NICHT DIE TANTE NEBEN MIR, OB SIE MIR ERKLÄRT, WIE MAN EINEN RICHTIG GUTEN DEUTSCHEN APFELKUCHEN BACKT! AAARG!!!

Natürlich schreie ich nicht.

»Chinesischer Schnittlauch«, sage ich stattdessen in schwer verspanntem Tonfall, drehe mich um und verschanze mich passiv-aggressiv im Nudelregal am anderen Ende des

Ladens. Dort versuche ich, meinen Wutausbruch zwischen Reis- und Eiernudeln zu veratmen. Dabei will ich eigentlich mit tiefgefrorenen Teigtaschen um mich schmeißen und dabei schreien: »POSITIVER RASSISMUS IST AUCH RASSISMUS!«

Ich reiße mich weiter zusammen. Kein gefrorenes Lebensmittel wird als Waffe missbraucht, stattdessen kaufe ich viel zu viele Nudeln (Kohlenhydrate sind ungesund: KLAPPE!!!). Am Ende des Ladens reihen sich Wartende an der Kasse auf (SCHLANGEN, UM DIESE UHRZEIT?!). Nur eine von vier ist besetzt (TOLL!!!), Abstand wird auch nicht gehalten (CORONA, SCHON VERGESSEN??), und ein Typ versperrt das Warenband (DENKST WOHL AUCH NUR AN DICH, WA?!).

In der Drogerie am Alexanderplatz wäre ich für ein ähnliches Verbrechen vor ein paar Jahren mal beinah tätlich angegriffen worden. Nachdem ich tatsächlich das Warenband kurz blockierte, weil ich unglücklich mit meinem Einkaufswagen hantierte, fuhr der Mann mittleren Alters hinter mir mich damals an, wir hätten hier kein »Klassenproblem mehr, sondern ein Rassenproblem!«

Seitdem achte ich an der Kasse stets darauf, niemandem den Weg zu versperren. DAS HAT DEM TYPEN HIER WOHL NOCH KEINER ERZÄHLT!!!

Ich fühle mich wie eine geschüttelte, geschlossene Sektflasche. Trotzdem sage ich nichts, erst recht nicht in dem unflätigen Ton, der in meinem Kopf grollt. Stattdessen sehe ich einen Zusammenschnitt der besten Verbalausbrüche von Männern über fünfzig in Verkaufsschlangen der letzten Jahre:

Ein Typ hinter mir in der Schlange am Münchener Bahnhof, der mich anbrüllte, ich solle mich »gefälligst auch hinten anstellen«, als ich lediglich kurz vortrat, um mir die Auslage anzuschauen; der Typ im Supermarkt, der sich erst vorgedrängelt hat und dann, nachdem meine Freundin ihn ganz höflich darauf hingewiesen hat, »blöde F****« durch den ganzen Edeka schrie – lauter leidenschaftliche, kernige, selbstbewusste Typen! Würde ich so was jetzt hier im Laden bringen, wäre ich hingegen eine hysterische, kleinliche Alte mit hormonellen Problemen!

Zähneknirschend verlasse ich das Geschäft. Ich laufe schneller und versuche einen Rhythmus in meine Schritte zu bringen. Mir wird warm, mein Unterhemd klebt am Rücken. Wenn ich zu Hause bin, werde ich mich beruhigt haben. So schlimm war das gar nicht, bete ich mir mantraartig vor. DOCH, DAS WAR ES!!

Früher war ich nicht ständig sauer. Jetzt flippe ich andauernd aus: Wenn ich für jede Website und jedes Spiel, das mein Sohn haben möchte, für jedes Gerät und jeden Scheiß ein neues Profil erstellen muss! Wenn ich ein neues Gerät kaufe und kein Kopfhörer- oder Ladegerätanschluss mehr passt! Wenn ich ins Bad komme und IMMER NOCH ALLE TUBEN OFFEN AUF DER ABLAGE LIEGEN! Wenn eine Zeitung jubiliert, dass Frauen über vierzig keinen Schal mehr tragen müssen, weil es genug non-invasive Schönheits-OPs gibt, die den »Truthahnhals« reduzieren und so »das wahre Alter einer Frau erfolgreich liften«! NICHT JEDE FRAU HAT 350 EURO FÜR EIN FADENLIFTING ÜBRIG!!! AAARGH!!

Zu Hause erzähle ich meinem Mann von meiner Begegnung im Supermarkt. Sein Kommentar: »Leicht gereizt heute, was? Ich sag dir was: Du nimmst das alles viel zu persönlich!«

Ich breche in Tränen aus.

Im Traum schreie ich, ohne ein Wort rauszubekommen. Ich will auf jemanden einschlagen, aber mein Arm bleibt steif. Ich wache, mal wieder, schweißgebadet um fünf Uhr morgens auf. Ich bin so durstig, als wäre ich in der Wüste eingeschlafen.

Nimm das doch alles nicht so persönlich.

Die Feministin und Autorin Germaine Greer verfasste 1991 mit *The Change* das erste feministische Buch über die Menopause. Vor zwei Jahren hat sie es noch einmal überarbeitet und wiederveröffentlicht. Sie schreibt, die Aversionen, die unsere Gesellschaft gegen Frauen in den Wechseljahren hegt, seien »Ausdruck der Intoleranz gegenüber weiblichem Zorn« (Übers. M.S.).

Eine Studie aus dem Jahr 2008 belegt, dass 70 Prozent aller Frauen im Klimakterium Reizbarkeit als Symptom Nummer eins angeben. Suzanne Moore, Journalistin und Menopausal-Aktivistin zürnt: »Ich habe keine Stimmungsschwankungen, sondern nur noch eine einzige Stimmung: Wut! Ich bin wütend, wenn ich aufwache, wütend auf die Nachrichten, wütend darüber, wie der Zustand der Welt ist, wütend, weil ich nicht mehr schlafen kann – und ich kann gar nicht mehr schlafen!«

Die Dichterin Mary Ruefle wird bildlicher: Sie vergleicht

die Menopause mit dem Bedürfnis, sich gelegentlich selbst »ein Messer ins Herz zu rammen«. Vielleicht hat ihr ja auch jemand gesagt, dass sie alles nicht so persönlich nehmen solle.

Die chemische Ursache für die Wutattacken ist der Neurotransmitter Serotonin. Er regelt den emotionalen Haushalt und sorgt für Ausgeglichenheit. Für die körpereigene Herstellung benötigt man Östrogen. Im Klimakterium wird bekanntermaßen immer weniger Östrogen gebildet – entsprechend gerät auch der Serotonin-Haushalt außer Kontrolle und beschert mir eine innere Verwandtschaft mit Frau Mahlzahn, dem biestigen Drachen aus Michael Endes Lummerland. Die Wut zündelt in meinem Hals wie Feuer, nach außen dringen allerdings nur dunkle Rauchschwaden. Ich spucke kein Feuer. Denn: Ich habe nicht gelernt, wie man seinem Ärger Luft macht, sondern nur, wie man ihn immer wieder runterschluckt. Als ich ein Kind war, galten Mädchen, die wütend waren, noch als tendenziell verhaltensgestört. Heute sieht es etwas besser aus, nur: Wut bleibt eine ungeliebte Emotion.

Jetzt brennt es in Form von Sodbrennen unter meinem Brustbein, Tag und Nacht.

Gleichaltrige Freundinnen in ähnlich privilegierten Lebensumständen wie ich haben sich ausgleichende Hobbys zugelegt: Sie stricken, gärtnern, töpfern, gründen Buchclubs (zwei im erweiterten Bekanntenkreis). Ich koche über Tage hinweg Soßen und Suppen auf quasi-professionellem Niveau. Wenn es ganz schlimm kommt, backe ich, als hinge mein Leben davon ab – Brioche-Osterhasen, Kekse, Kuchen und Torten.

Mit einem fast acht Zentimeter geöffneten Muttermund

habe ich in den Wehen gebacken. Mein hormoneller Nestbautrieb möchte in glutenhaltige Kohlenhydrate umgewandelt werden. Mir gefällt das Bild, dass meine schäumende, giftige Wut in süße, wohlige Mehlspeisen verwandelt wird. Das hat fast etwas von Exorzismus. Oder von Konfliktscheue.

Ich möchte wissen, was all die Frauen mit ihrer Wut anstellen, wo sie ihr Feuer spucken, ob sie es beim Yoga veratmen, ob sie es verkochen, vertöpfern, mit Pflanzen in die Erde graben, in Marathons verlaufen, beim Kickboxen raushauen oder ins Kissen schreien. Partner*innen erzählen manchmal von jähzornigen Ausbrüchen, die ganz plötzlich kommen: von überraschend angreifenden fliegenden Töpfen und Tellern zum Beispiel. Dann heißt es: Total verrückt geworden, die Alte!

Ich stelle mir vor, wie ganze Salven von klimakterischer Wut in Form von Töpfen und Tellern in einem großen Ritual zu Bruch gehen, eine Art perimenopausaler Polterabend. All das Geschirr, das im Keller meiner Eltern lagerte – gesammelt von meiner Mutter und Großmutter, von der Aussteuer bis zu aussortierten Alltags- und Festtagsservices, Fondue-Tellern, Glasschalen und Tellerchen, Tassen, Untertassen, Platztellern, Servierschüsseln aus unterschiedlichen Jahrzehnten und Moden. All das hätte ich wunderbar in einen gigantischen, lebensumspannenden Scherbenhaufen aus Wechseljahreswut verwandeln können!

Guck doch nicht so böse – darauf drei Arabia-Russia-Tassen von 1982

Lächle doch mal – eine Kaffeekanne Friesland Blau von 1997

Nimm das doch alles nicht so persönlich – eine Sauciere Melitta Helsinki von 1977

Wohl PMS, wa? – Ein ganzes Service Studio-Line von Rosenthal aus den 80er-Jahren, das sich meine Mutter über Jahre hinweg immer wieder gewünscht und zusammengespart hat.

WAS HATTE MEINE MUTTER IM LEBEN AUSSER IHRE SCHEISS-SERVICE-SAMMLUNGEN?! AAARGH!!

Das Schlimme ist, dass weibliche Wut traditionell eben nur mit Hormonen in Verbindung gebracht wird und ansonsten überhaupt nicht vorkommt. Man assoziiert weibliche Wut mit Pubertätsepisoden, PMS oder eben den Wechseljahren. Weibliche Wut wird zum biochemischen Symptom erklärt, nicht zu einer Emotion, die sich harmonisch ins Gefühlsspektrum einfügt. Hat eine Frau einen Wutausbruch ohne hormonellen Auslöser, schreit die Welt sofort zurück: SKANDAL! Was für eine Bitch!

Ein Beispiel: Serena Williams, Ausnahmetennisspielerin, die in 23 Profijahren 23 Grand-Slam-Titel gewann, wurde zweimal mit hohen Geldstrafen belegt. 2009 legte sie sich mit der Linienrichterin an, sagte, sie solle sich »den Ball in den Rachen stopfen«, 2018 zeigte sie mit dem Finger auf den Schiedsrichter, während sie – eindeutig wütend – auf ihn einredete. Das nenne ich ehrliche Wutanfälle! In beiden Fällen bekam sie fünfstellige Geldstrafen aufgebrummt und verlor die jeweiligen Matches.

Dem cholerischen John McEnroe wurde das Rüpelverhalten überwiegend verziehen, vielmehr gilt es bis heute als sein Markenzeichen. Glücklicherweise ist Serena Williams durch ihr Talent so reich geworden, dass sie sich erstens alle Strafgelder leisten und zweitens sämtliches Edelporzellan der Welt zerdeppern und erneuen könnte.

Oder: 1999 wurde die Sängerin Kelis mit ihrem Lied »Caught Out There« berühmt. Das lyrische Ich findet heraus, dass ihr Freund sie angelogen und betrogen hat. Der Refrain geht so:

I hate you so much right now
I hate you so much right now
I hate you so much right now
Aaaaaargh
I hate you so much right now!

Im dazugehörigen Videoclip reißt sie im ersten Refrain die Schallplatten von ihrem untreuen Freund aus dem Regal, sie schreit und schimpft in die Kamera. Später sieht man sie in einer Art Gummizelle und schließlich marschiert die damals zwanzigjährige Sängerin mit einer Horde wütender, mittelalter Frauen in Bademänteln und Lockenwicklern die Straße hinunter. Frauen wie diese haben bestimmt auch eine ganze Menge alter Porzellantassen im Keller.

Dabei besagen psychologische Studien, dass Wut als Gesichtsausdruck von Frauen langsamer erkannt wird als bei Männern. Wenn sie jedoch als solche identifiziert wird, gilt weibliche Wut sofort als Furcht einflößender als die männliche. Man denke hier an die Archetypen: Medusa, die Furien,

Kali, die indische Göttin des Todes und der Zerstörung – ihre Wut galt als extrem destruktiv und wenig attraktiv. Im Deutschen gibt es ein Wort für diese Frauen: Schreckschrauben. Schrecken bedeutete ursprünglich springen.

Schreckschrauben können nur alte Frauen sein, Synonyme sind »Hexe«, »Hausdrachen« etc. Ältere Frauen müssen also schon vor mir schlecht drauf gewesen sein. In Überlieferungen lebten sie am Rande von Dörfern in einsamen Hütten, gefürchtet, pathologisiert, lächerlich gemacht, allein.

Tatsächlich ist die Wut alter Frauen nicht nur als fehl am Platz und unattraktiv gebrandmarkt und schlimmstenfalls kriminalisiert worden. Die Inquisition nannte häufig alleinstehende Frauen mittleren Alters Hexen und verbrannte sie lebendig auf den Marktplätzen Europas. Der *scold's bridle,* auch Schandmaske genannt, ein Folterinstrument in Form eines metallenen Zaumzeugs, in dem die Zunge der Frau mit einer Eisenplatte fixiert wurde, galt in England und Schottland im 17. Jahrhundert als Bestrafung für Ehefrauen, die zu viel schimpften und tratschten.

»Aber Wut, die im Dienste unserer Vision und unserer Zukunft zum Ausdruck gebracht und in die Tat umgesetzt wird, ist ein befreiender und stärkender Akt der Klärung«, schreibt Audre Lorde in ihrem Essay »The Uses of Anger«. Und weiter: »Wut ist von Energie und Informationen durchsetzt«. (Übers. M.S.)

Die Dichterin Maya Angelou drückte es in der Dokumentation *Iconoclasts* ähnlich aus: »Du solltest wütend sein. Nutze diese Wut, schreibe sie auf, male sie, tanze sie, demonstriere sie. Wähle sie. Artikuliere sie. Höre niemals auf, sie zu artikulieren.«

Wut ist gut, denke ich mir, und schreibe meinen Zorn in diese Zeilen.

Zum Klimakterium selbst gibt es von feministischer Seite weniger konkreten Rat. Germaine Greer schreibt in *The Change* über Frauen im Klimakterium als »die mittelalte Frau«, die sich einerseits über den Mangel an wie auch immer »altersgemäßen Designerklamotten« beschwert und andererseits als gesellschaftlich verpönt gilt, wenn sie sich äußerlich »gehen lässt«. Sie schreibt: »Die Menopause, *the change,* ist die Zeit der Trauer … eine Frau in der Menopause sollte sich Zeit für Ruhe und Melancholie nehmen.« Greer rät, ebenso wie Darcey Steinke in *Fliegende Hitze,* dringend von einer Hormonersatztherapie ab. Diese Therapien seien Teil der Multi-Milliarden-Dollar-Industrien, die Frauen »sexuell verfügbar« halten wollen.

Sheila de Liz hingegen, Gynäkologin und Autorin des Bestsellers *Woman on Fire,* propagiert mit Nachdruck die Einnahme bioidentischer Hormone. In der englischsprachigen Welt ist die Debatte im letzten Jahr regelrecht explodiert. Heilpraktikerinnen (*Perimenopause Power* von Maisie Hill), Gynäkologinnen (*The Menopause Manifesto* von Dr. Jen Gunter) und Journalistinnen (*What Fresh Hell Is This* von Heather Corinna) schreiben übers Klimakterium. Auch diese Autorinnen weisen auf patriarchale Mythen als Ursache für die Stigmatisierung der Menopause hin. Eine einheitliche Ablehnung der Hormontherapie, ob nun synthetisch oder bioidentisch, ist hier nicht mehr zu finden. Wenn der Leidensdruck zu hoch wird, sollten sich Frauen im Klimakterium helfen lassen, auch mittels Hormontherapie. Es gilt das Prinzip: Richtig ist, was sich individuell richtig anfühlt.

Je mehr aufgeklärte, selbstbestimmte Frauen ins mittlere Alter kommen, umso zentraler wird das Klimakterium für den zeitgenössischen Feminismus, umso mehr Erzählungen werden wir hören und umso mehr Ideen und Bilder werden geschaffen. Wie wichtig das ist, zeigt ein Blick in die männerdominierte Philosophie. Hier die Worte Schopenhauers: »Ein altes, d. h. nicht mehr menstruiertes Weib erregt unsern Abscheu. Jugend ohne Schönheit hat immer noch Reiz: Schönheit ohne Jugend keinen.«

Selbst Simone de Beauvoir empfand die Menopause noch als Zumutung, als zynische biologische Rache der weiblichen Anatomie. In ihrem Buch *Das Alter* schrieb sie: »Pubertät, erste geschlechtliche Erfahrungen und Klimakterium geben sich durch viel entscheidendere Krisen zu erkennen als beim Mann. Während dieser kontinuierlich altert, wird der Frau die Weiblichkeit schlagartig genommen. Noch verhältnismäßig jung verliert sie den erotischen Anreiz und die Fruchtbarkeit, aus denen sie in den Augen der Gesellschaft und in ihren eigenen Augen die Rechtfertigung ihrer Existenz und ihre Glücksmöglichkeiten ableitete: Ihrer ganzen Zukunft beraubt, hat sie etwa die Hälfte ihres Lebens als Erwachsene vor sich.«

Doch es gibt Hoffnung. Denn der Wert einer Frau hängt nicht von ihrer Gebärfähigkeit ab, zu keinem Zeitpunkt ihres Lebens. Und auch nicht ihre Attraktivität. Ich habe in den letzten Jahren die Künstlerin Yoko Ono und die Schauspielerin Susan Sarandon interviewt. Beide waren zum Zeitpunkt des jeweiligen Interviews weit über siebzig, beeindruckten mich mit Charakter und Schönheit, beide präsentierten beiläufig, aber sichtbar, ihr glamouröses Dekolleté.

Ich bin mir sicher, dass auch Yoko und Susan gelegentlich von gewaltigen Wutanfällen geschüttelt werden. Sie verarbeiten sie kreativ: Yoko zeigte 2020 in ihren Ausstellungen in Porto und New York neue Arbeiten, Sarandon arbeitet ohne Pause an neuen Filmen und Serienprojekten. Wut kann auch eine Menge Energie freisetzen – es liegt also durchaus Reiz in der Reizbarkeit.

KAPITEL 3

Erschöpfung

Zyklus voller Ups and Downs:
Tanz der Hormondrüsen und Alternativen
zur Standardvorsorge

Meine klimakterischen Symptome benehmen sich wie Sleeper-Zellen einer Geheimdienstorganisation. Wochen-, manchmal sogar monatelang verschwinden sie völlig, um dann scheinbar aus dem Nichts Terroranschläge auf mein Befinden auszuüben. Wenn ich mich entschließe, mal wieder einen Arzt oder eine Ärztin aufzusuchen und meine Symptome schildern möchte, verschwinden sie in ihre Undercover-Position. Manchmal bin ich so müde, dass ich mich auf der Stelle schlafen legen möchte. Manchmal lichtet sich diese bleierne Erschöpfung so schnell, wie sie gekommen ist, und ich bin hellwach und leistungsstärker als je zuvor. Zusammen mit Gewichtszunahme und Antriebslosigkeit können solche Symptome auch auf eine Schilddrüsenunterfunktion hinweisen. Das ist ganz normal in der zweiten Lebenshälfte, erfahre ich von meiner Hausärztin, die ich nun regelmäßig besuche. Jedenfalls ist dieses Leiden konkret genug für eine erneute Blutuntersuchung und eine Überweisung zur Fachärztin, genauer gesagt einer Nuklear-Medizinerin.

Die Ärztin, die meine Schilddrüse per Ultraschall betrachtet, hält den Schallkopf etwas verdreht an meine Kehle, weil sie sonst eventuell Gefahr laufen würde, mich mit ihren langen Acrylnägeln zu verletzen. Sie erinnert mich an Dolly Parton beim Gitarrespielen – wie geht das? Wie kann man mit solchen Nägeln Akkorde greifen oder Ultraschallaufnahmen machen? Ziemlich gut, wie die leibhaftige Dolly und auch die glamouröse Ärztin um die sechzig beweisen. Ich frage sie, ob meine Beschwerden mit der Schilddrüse oder dem Klimakterium zu tun haben. Sie antwortet: »Probleme mit Hormonen und Hormondrüsen verursachen leider sehr selten nachvollziehbare Pathologien. Ich vermisse den ganzen Frauen-Wahnsinn nicht. Das Klimakterium war das Beste, das mir passieren konnte.« Bei diesen Worten lächelt mich Dr. Dolly mit ihren in Frost-Pink geschminkten Lippen an.

»Ich freue mich auch jetzt schon darauf, wenn alles vorbei ist«, keuche ich, während sie mit dem Ultraschallkopf auf meinen Hals drückt, »aber ich finde dieses Auf und Ab ein bisschen anstrengend. Richtig gut behandelt wird man von Ärzt*innen ehrlich gesagt auch nicht.«

»Das liegt daran, dass wir Krankheiten behandeln. Das Klimakterium ist keine, also behandeln wir sie nicht. Das ist der Vorteil, den alternativmedizinische Praktiken haben. Sie arbeiten präventiv.«

Okay. Alternativmedizin. Faktenbasierte Wissenschaft scheint mir überzeugender und gerade in Zeiten von Pandemien und Klimawandel wichtiger denn je. Nur: Wenn das Klimakterium am besten durch Aufklärung und Prävention zu behandeln ist und die Schulmedizin keinen Platz dafür hat, dann mache ich doch mal einen Ausflug zu einer alternativmedizinischen Spezialistin, die mir eine Freundin empfohlen hat. Als Journalistin versteht sich, nicht als Patientin.

Anja Scherret ist Heilpraktikerin, zwei Jahre jünger als ich und Quereinsteigerin. Studiert hat sie Geschichte und Literaturwissenschaften, und sich danach für eine Laufbahn als Heilerin entschieden. Sie hat zahlreiche Zusatzausbildungen absolviert: Von Homöopathie über Shiatsu, tantrische Massagen, Gestalttherapie bis hin zu medizinischem Biomagnetismus deckt sie große Teile der Alternativmedizin ab. Ihren Lebensmittelpunkt hat sie vor ein paar Jahren von Berlin nach Rahnsdorf am Müggelsee verlegt. Im Städtchen Friedrichshagen, einem Vorort von Berlin, betreibt sie ihre Praxis.

Auf dem Weg dorthin werden meine Augenlider in der S-Bahn am Alexanderplatz immer schwerer. Die Innenstadt fliegt wie in Watte gepackt an mir vorbei, meine Gedanken lösen sich inmitten der historischen Gebäude auf. Ich schwebe und schwebe, bis mich eine fremde Stimme aus meinem Wattetraum zieht: »Hey! Hey! Sind Sie taub? Ihr Handy klingelt!«

Ich lehne mit dem Kopf an der S-Bahn-Scheibe. Der Typ, der mir gegenübersitzt, blickt mich mit verständnislosen Augen an. Draußen sind nun die monumentalen Gebäude Berlins verschwunden. Stattdessen schaue ich ins satte, frühsommerliche Grün der Wuhlheide. Ich fühle mich, als hätte ich stundenlang geschlafen und wäre nun in einem anderen Teil Deutschlands, vielleicht sogar in einem anderen Universum aufgewacht. Ohne meine FFP2-Maske würde ich nun wie im klamaukigen Film mit der Wange an der Fensterscheibe kleben.

Anja Scherret ruft mich an: »Ich hole dich mit dem Auto an der S-Bahn-Station Rahnsdorf ab. Das ist am einfachsten.«

Wenig später stehe ich in strahlendem Sonnenschein am denkmalgeschützten S-Bahnhof. Anja winkt aus ihrem Kombi, wir treffen uns zum, ich betone es noch einmal, explizit journalistischen Blind Date. Sie öffnet die Beifahrertür und räumt Kinder-CDs vom Sitz. 2012 wurde Anja Mutter einer Tochter. Auf den ersten Blick verkörpert sie eher das Klischee einer typischen Berliner Hipstermama im kurzen Jeansrock und Streifenshirt als das einer Alternativmedizinerin, die man sich vielleicht eher in wallenden Kleidern vorstellt. Keine Ahnung, was ich erwartet habe – Schubladendenken jeglicher Art sollte ich mir jedenfalls dringend abgewöhnen. Die Zeiten, in denen alle Heilpraktikerinnen in asymmetrischen Lagenkleidern aus Hanf und alle Mamas in praktisch-abwaschbaren Schürzen rumliefen, sind – dem Himmel sei Dank – vorbei. (Gab es die jemals?)

In Anjas Garten blühen Stauden, der Rasen strahlt in sattem Grün, eine große Eiche spendet Schatten. Sie erzählt, dass die Stadt sie erschöpft hätte und dass sie hier wieder atmen, wieder eigene Wünsche artikulieren lernte. Seit zwei Jahren beschäftigt sich die 42-Jährige schwerpunktmäßig mit Frauengesundheit und bioidentischen Hormonen. Grund für die

Spezialisierung waren ihre eigenen Beschwerden: Erst nach der Geburt ihrer Tochter hat Anja zum ersten Mal richtig menstruiert. Davor hat sie, wie eigentlich fast alle Frauen meiner Generation, jahrelang die Pille genommen. Ihren Zyklus kannte sie überhaupt nicht.

»In der Heilpraktiker-Szene wird die Pille kritisch beäugt«, erzählt sie, »nur waren alternative Verhütungsmethoden mir nicht sicher genug. Ich hatte eine unerwünschte Schwangerschaft. Das wollte ich nie wieder erleben. Der Abbruch war für mich so furchtbar – der ganze Prozess mit den Schuldgefühlen. Das ist auch noch ein Tabuthema. Es gibt so viele Tabuthemen bei uns Frauen, über die gesprochen werden müsste.«

Ein Gespräch über die Menopause beginnt passenderweise mit der Frage nach reproduktiver Selbstbestimmung. Denn die Hoheit über den eigenen Körper liegt immer noch nicht bei den Frauen selbst, egal ob in Abtreibungsfragen oder modernen Kinderwunsch-Praktiken wie künstliche Befruchtung oder Social Freezing, dem Einfrieren der Eizellen.

Nach Jahren mit der Pille meldete sich auch bei Anja Scherret die Perimenopause früher als erwartet: »Mit neununddreißig habe ich mich in der Blüte gefühlt, im Zenit meines Lebens. Plötzlich habe ich dann Hitzewallungen bekommen. Ich dachte, okay, was ist jetzt los?! Ich steh im Leben, ich weiß, was ich bin, ich weiß, was ich kann. Aber ich bin noch nicht die Frau in den Wechseljahren, die sich zurückziehen soll. Nein! What the fuck?! Verdammt! Natürlich sind alle Zweifel eng daran gekoppelt, nicht mehr begehrenswert zu sein, nicht mehr die MILF zu sein, die ich ja eigentlich sein will. Sondern, nee, du bist jetzt langsam die strickende Oma mit der Sahnetorte!«

Anja erzählte weder ihrem Mann noch ihren Freundinnen von den Hitzewallungen. »Ganz ehrlich: Das auszusprechen, ich bin jetzt in den Wechseljahren. Das war für mich … das wollte ich nicht wahrhaben.«

Stattdessen dachte Anja, sie könne ihr »Problem« lösen, indem sie sich so gut wie möglich mit dem Thema vertraut machte. Ihre Freundinnen bekamen derweil zweite und dritte Kinder und »gebaren fröhlich fruchtbar durch die Gegend«.

Anja erlebte Stimmungsschwankungen, Hochgefühle und depressive Verstimmungen und fragte sich: Warum ist das so? Folglich fing sie an, sich mit Frauengesundheit, Hormonbalance und vor allem mit der Perimenopause zu beschäftigen. Ich schildere ihr meine Symptome, vor allem die bleierne Müdigkeit.

»Du hast vermutlich neben deinen Perimenopausalbeschwerden einen Cortisol-Mangel«, erklärt sie mit fester Stimme. »Allerdings ist es total unseriös, das hier zu diagnostizieren, ich müsste mir deinen Hormonspiegel anschauen, um Genaueres sagen zu können.«

»Cortisol? Ist das nicht ein Stresshormon?«, frage ich erstaunt.

»Genau. Cortisol wird in der Nebenniere hergestellt und ist da, um in Stresssituationen den Stoffwechsel so anzupassen, dass dem Körper alle wichtigen Funktionen in mitunter lebensbedrohlichen Situationen zur Verfügung stehen. Früher musste der Mensch innerhalb weniger Sekunden entscheiden: Fight or Flight.«

»Was hat denn Cortisol mit dem Klimakterium zu tun?«

»Dafür müssen wir uns den Hormonhaushalt anschauen. Achtung, jetzt kommt Biologieunterricht: Um unseren Zyklus aufrechtzuerhalten, brauchen wir diverse Hormone, vor allem Östrogen, Testosteron und Progesteron. Wenn wir von achtundzwanzig Tagen pro Zyklus ausgehen, steigt der Estradiol-Spiegel vom dritten bis zum elften, zwölften Tag an. Estradiol ist ein Östrogen und sorgt dafür, dass sich die Gebärmutterschleimhaut aufbaut. Gleichzeitig erhöhen sich zu Beginn des Zyklus auch andere Hormone: Serotonin macht glücklich, Oxytocin ausgeglichen. Testosteron gibt Energie, Fokus, Konzentration. Zwischen dem elften und dem vierzehnten Tag löst das Hormon FSH den Eisprung aus, danach sinken diese Hormone etwas ab.«

»Okay ...«

»Du musst dir eigentlich nur merken, dass in der ersten Hälfte Östrogene und Testosteron und in der zweiten Hälfte ein anderes, wichtiges Hormon ansteigt, nämlich das Progesteron. Es sorgt dafür, dass die Gebärmutterschleimhaut mit Nährstoffen versorgt wird, es baut das Nest für das Ei – wir legen Eier und bilden Follikel. Das sind nichts anderes als herkömmliche Eier, nur dass die Membran feiner und durchlässiger ist als bei Schalen aus Kalzium. Progesteron gibt uns auch ein Gefühl von Wohlbefinden.«

»Klingt alles gut. Wo ist der Haken?«

»Wenn Probleme auftreten, ist Progesteron das Hormon, das am schnellsten abschmiert. Dieser Haushalt steht in engem Zusammenhang mit den anderen großen Hormondrüsen, der Schilddrüse und der Nebenniere, wo eben Cortisol hergestellt wird. Es kommt zu einer Östrogendominanz, was komisch klingt, denn eigentlich geht man doch davon aus, gerade in der Perimenopause immer zu wenig Östrogen zu haben. Das stimmt grundsätzlich auch, aber der Witz bei den Hormonen ist die Balance. Denn: Wenn ein Hormon abschmiert, wird es ausgeglichen – beispielsweise Progesteron durch Cortisol. Der Fight-or-Flight-Reflex kommt übrigens aus Nomadenzeiten. Unsere Urmütter und -väter brauchten Cortisol, um Gefahren wie Säbelzahntiger und Mammute richtig einschätzen zu können. Nur: In der Steinzeit sind die Menschen nach einer Gefahrensituation wieder runtergekommen. Der Cortisol-Spiegel hat sich wieder normalisiert. Das ist der Unterschied zu heute.«

»Heute liegen wir nicht tagelang mit vollem Bauch im Lager und ruhen uns von der Jagd aus?«

»Nein, die meisten von uns leben im Dauerstress.«

»Okay, heißt das jetzt konkret, dass ich statt Perimenopause Burn-out habe, weil ich entweder zu viel oder zu wenig Cortisol produziere?«

»Naja, das kommt drauf an. Viele Frauen laufen in ihren Dreißigern zu Höchstleistungen auf: Sie arbeiten an ihrer Karriere, fokussieren ihre Lebenssituation, einige haben kleine Kinder und damit eine Doppelbelastung. Kurzum: Alle sind wahnsinnig gestresst. Das führt dazu, dass der Cortisol-Spiegel die ganze Zeit hoch ist. Wenn sich diese Stressphase über einen langen Zeitraum hinzieht, ist die Cortisol-Produktion irgendwann erschöpft. Der Körper stellt dann auf Notproduktion um. Das heißt zunächst: Prioritäten zu setzen. Was ist nicht lebensnotwendig, was kann ich entbehren? Vielen Frauen fallen die Haare aus, das merkt man gar nicht unbedingt. Unser Körper ist echt schlau: Der Stoffwechsel eines

Menschen hat höchste Priorität. Geschlechtshormone hingegen sind nicht lebensnotwendig. Daher klaut sich die überlastete Nebenniere das Progesteron aus den Eierstöcken und der Schilddrüse, um den Cortisol-Mangel auszugleichen.«

»Entwickeln deswegen viele Frauen plötzlich Schilddrüsenprobleme?«

»Genau. Dort bleibt nicht mehr so viel übrig. Die Folgen können ein schwaches Immunsystem oder eine Schilddrüsenunterfunktion sein, oder es kommt eben zu einem Hormonmangel in den Eierstöcken, der wiederum zu Wechseljahresbeschwerden führen kann.«

Ich denke an Dr. Dolly Parton aus Steglitz.

»Ich war vor ein paar Tage bei einer Nuklearmedizinerin, um meine Schilddrüse überprüfen zu lassen – wegen der Dauererschöpfung. Sah erst mal alles okay aus, aber meinen Cortisol-Spiegel hat sie nicht überprüft.«

»Leider ist es immer noch so, dass diese Zusammenhänge in der Schulmedizin nicht hergestellt werden. Es wird als selbstverständlich hingenommen, dass eine Frau mit Anfang vierzig zum Arzt geht und ein paar Symptome runterbetet: Müdigkeit, Gewichtszunahme, Schlafstörungen etc. Die Diagnose lautet dann Schilddrüsenunterfunktion, und es werden Hormone verschrieben. Das wird aber nie hinterfragt, und es wird auch nie ein Zusammenhang mit Stress oder auch der Perimenopause hergestellt.«

Ich mache meine Hausaufgaben – Faktencheck: In der Schulmedizin heißt die Nebenniereninsuffizienz Morbus Addison. Symptome sind Hautverfärbungen, niedriger Blutdruck,

Schwitzen, Erschöpfung, Reizbarkeit, Depression, Apathie, bei Frauen auch Verlust des Schamhaars, Appetitlosigkeit und Gewichtsverlust. Die Diagnose erfolgt durch Untersuchung der Blutwerte, behandelt wird mit einer Hormonersatztherapie mit verschiedenen sogenannten Hydrocortison-Gaben.

Doch die Nebennieren-Erschöpfung oder den stressbedingten Cortisol-Mangel, von dem Anja spricht, gibt es laut Schulmedizin nicht. Tatsächlich wird vor dieser Diagnose sogar gewarnt, es sei eine Modediagnose, der »mit kostspieligen Behandlungen« entgegengewirkt werde, wodurch seriöse Diagnosen wie Morbus Addison verschleiert würden.

In diversen neuen Büchern zur Menopause hingegen kommt das Phänomen ebenfalls vor. Die britische Heilpraktikerin Maisie Hill schreibt in *Superpower für die Wechseljahre* von Nebennieren-Erschöpfung, und Menopausen-Beraterin Ellen Cornely-Peeters wird in ihrem Buch *Ach, Meno!* sehr deutlich: »In Stresszeiten benötigen wir jede Menge Stresshormone, wie zum Beispiel Cortisol. Um den Bedarf zu decken werden unsere Progesteron-Quellen angezapft – was zu einem starken Ungleichgewicht im Hormonsystem führt und ein erhebliches Chaos anrichten kann.«

Anja Scherret erzählt, dass über den Zusammenhang von Erschöpfung, Cortisol und Perimenopause einfach noch keine Studien durchgeführt wurden, deswegen verweigert die Schulmedizin diese Diagnose. Sie sagt: »Für die Schulmedizin existiert nur, was in Studien nachgewiesen ist. Was aber, wenn noch keine Studien durchgeführt wurden? Natürlich hängen die Hormonproduktionen zusammen. Vermutlich liegt bei dir ein Cortisol- und Progesteronmangel vor, der dazu führt, dass alle anderen Hormone in den Keller gehen. Der Anfang der Perimenopause hat häufig mit Stress zu tun, nachdem der Körper es jahrelang geschafft hat, den Stress zu kompensieren.«

»Das heißt: Ich gehe von stressbedingten Hormonstörungen in meinen Dreißigern direkt in perimenopausal bedingte Hormonstörungen in meinen Vierzigern?!«, frage ich.

»Genau. Perimenopause ist nichts anderes als ein Hormonmangel. Damit kann man sich auf mikrobiologischer Ebene auseinandersetzen oder auch auf philosophischer. Beide Ebenen sind wichtig.«

»Verstärkt Stress denn die Perimenopause noch?«

»Sagen wir mal so: Ich hatte Mörderstress mit meinem Kind. Sie war ein Schreikind. Ich hatte eine Erschöpfungsdepression, ich war nur noch krank und hatte viel Druck, den ich mir selbst gemacht habe. All die Ansprüche und Vorstellungen, denen wir gerecht werden möchten. Dabei habe ich überhaupt nicht gespürt, *wie* gestresst ich eigentlich bin. Und das geht, glaube ich, ganz vielen Menschen so. Hormone sorgen lustigerweise dafür, dass wir uns ganz gut fühlen. Adrenalin wird auch in der Nebenniere gebildet und sorgt dafür, dass wir uns wach und konzentriert fühlen, dass wir einen Anreiz spüren, jede Herausforderung zu meistern. Adrenalin kickt uns. Es sorgt dafür, dass Zucker im Blut ist.«

Eigentlich fühle ich mich nicht gestresst. Nach Anjas Worten gehe ich in mich: Natürlich ist mein Anspruch an mich selbst hoch. In den letzten zehn Jahren habe ich Vollzeit gearbeitet, zwei Bücher geschrieben und zusammen mit meinem Mann unseren Sohn großgezogen. Als Paar haben mein Mann und ich außerdem unsere Finanzen sortiert, eine massive Beziehungskrise durchlebt und sind einmal als Familie umgezogen. Vielleicht war insgesamt ein ganzes Jahr arbeitsbedingt ziemlich stressig. Aber in den vergangenen Monaten, in denen ich mich von meinem Körper so durchgeschüttelt gefühlt habe, kann ich mich eigentlich nicht an explizite Stresssituationen erinnern. Blende ich die womöglich aus?

Tatsächlich fragten alle Ärzt*innen, die ich wegen meiner Müdigkeit und der Schlafprobleme aufgesucht habe, ob ich Stress habe. Diese Frage fand ich ein bisschen ärgerlich, weil ich mich nicht ernst genommen gefühlt habe. Stress hielt ich für eine faule Diagnose: Arbeitende Mutter im mittleren Alter kommt mit ihrem Alltag nicht klar und kriegt Schlafprobleme. Ich komme klar. Ich bin gut organisiert. Ich kann etwas leisten, wie ein Mann auch, ich brauche keine Extrawurst, oder?

»Weil wir die ganze Zeit auf hohem Niveau powern, merken wir den Stress erst, wenn wir runterkommen«, erzählt Anja weiter.

»Und was kann man dagegen tun?«, frage ich.

Anja lächelt und schweigt einen Moment. Dann sagt sie: »Relax, Baby. Nimm den Druck raus«, und lehnt sich zurück. Sie helfe ihren Patientinnen zu entspannen, mithilfe von Meditation oder Waldspaziergängen. Oder eben der Gabe von bioidentischen Hormonen. Als bioidentisch werden Hormone bezeichnet, die in ihrer Molekularstruktur exakt denen gleichen, die der weibliche Körper produziert. Bioidentische Hormone werden aus Pflanzen gewonnen, aus Yamswurzel oder Soja. Bei den sogenannten »synthetischen

Hormonen« hingegen, die in der klassischen Hormontherapie verschrieben werden, weicht die chemische Struktur von der der eigenen Hormone ab.

»Du kannst diese Maschine Körper immer wieder reparieren und immer wieder dran schrauben, aber wenn du nicht auch am Mindset arbeitest, dann wird der Zustand nicht besser. Man sollte sich immer wieder fragen: Wieso bin ich so gefangen, wie wenig achte ich auf meine Bedürfnisse?«

»Die ewige Frage – die eigenen Bedürfnisse, die Zweifel.«

»In der Perimenopause hinterfragt man sich selbst: Wo liegt das Beschwerdepotenzial und wann wird das zum Problem, also wann entwickelt man einen Leidensdruck. Oder klarer: Wann ist etwas überhaupt behandlungsbedürftig?«

»Zum Beispiel: Ab wann beeinflusst meine Erschöpfung meinen Alltag so stark, dass ich mich nicht mehr wohlfühle?«

»Genau. Es ist wichtig, jetzt einen Realitätscheck zu machen. Das machst du ja nicht, wenn es dir gut geht. Es ist auch eine Phase, in der uns Drama überrollt.«

»Was für Dramen meinst du? Eher Shakespeare oder *Grey's Anatomy*?«

»Ich spreche hier in extremen Bildern, um das ein bisschen zu verdeutlichen, vermutlich eine Mischung aus beidem, den ganz großen, existenziellen Dramen, aber auch den alltäglichen. Man fängt an, sich zu fragen: Habe ich den richtigen Beruf? Kann ich überhaupt was? Bin ich was? Bin ich irgendwie wertvoll? Das sind typische weibliche Themen, die immer wieder auftauchen, sowohl in meiner Praxis als auch bei mir selbst.«

»Hast du für dich selbst Antworten gefunden?«

»Nein. Ich merke immer wieder, dass man sich diese Fragen ständig neu beantworten muss. Fakt ist doch: Die Frage mit dem Selbstwert lässt sich nicht ein für alle Mal klären – das halte ich für ein Riesenmissverständnis. Genau das spiegelt sich im weiblichen Zyklus wider: dass Dinge immer wiederkommen und immer wieder vorbeiziehen.«

»Kann man denn gar nichts sonst machen? Muss man die Natur der Dinge passiv ertragen?«

»Nein. Man kann ganz pragmatisch etwas tun, mit Ernährung zum Beispiel. Bei einer Ernährungsberatung überprüfe ich Essgewohnheiten von Patientinnen und stelle immer wieder fest, dass Frauen häufig zu wenig Proteine zu sich nehmen. Hormone werden aus Protein gewonnen. Aber auf richtige Ernährungsverbote würde ich verzichten, die gehen nach hinten los, weil sie Druck an einer anderen Stelle aufbauen. Das löst dann wieder Stress aus.«

»Dann steckt man schnell wieder im Diätenwahn.«

»Frauen erzählen mir immer die gleiche Geschichte: Drei Wochen lang war ich total diszipliniert. Danach bin ich in meine PMS-Phase gekommen und habe versagt. Dann hocken meine Patientinnen mit Chipstüte und Schokolade zu Hause, weinen, trösten sich mit Junkfood und hassen sich dafür. Das kenne ich! Ich finde es genau deswegen wichtig, auch diese Momente zu feiern: dass es einem mal scheiße geht.«

»Wie feiert man, dass es einem nicht gut geht?«

»Indem man loslässt, die Kontrolle abgibt. Das haben wir verlernt. Durch Menstruation und Menopause, die beide auch starke Körpersymptome auslösen können, signalisiert dein Körper dir genau das: Hey, lass los, gib die Kontrolle ab. Teilweise war es für mich sogar schwer, mich überhaupt zu bewegen. Mein Körper hat mich gezwungen, mich hinzulegen und loszulassen. Unsere Vorstellungen davon, wie die Sachen zu sein haben – die Arbeit, man selbst, der Haushalt, das Kind –, werden auf den Prüfstand gestellt. Wenn einem die ganze Familie auf den Keks geht, ist es so wichtig, das Bild von einem selbst als immer liebende Mutter gehen zu lassen. Das ist auch Quatsch. Gönn dir ’ne Pause! In der Perimenopause zwingt der Körper einen, langsamer zu machen. Das ist auch eine Chance.«

Das finde ich eine schöne Vorstellung: Das Klimakterium als wirkliche »Pause«, nicht im altgriechischen Sinne *pausis* als »Ende« zu denken. Eine Pause könnte ich durchaus gebrauchen, denke ich, als mir auf dem Weg nach Hause in der S-Bahn wieder die Augenlider schwer werden. Natürlich kann ich mir keine zehnjährige Auszeit gönnen, das wäre vermutlich auch nicht hilfreich. Vielmehr werde ich versuchen, in den Phasen, in denen mein Körper besonders erschöpft wird, einen oder drei Gänge runterzuschalten.

KAPITEL 4

Fettverteilung

Leibesübungen: von Bauchliebe, dem Preis der Fitness und Widersprüchen des Sporttreibens

Meine Hosen passen nicht mehr richtig. Gern würde ich an dieser Stelle schreiben, dass es mir gleichgültig ist, dass ich meinen Körper so lieben kann, wie er ist – Body Positivity nennt man das mittlerweile. Dabei handelt es sich ausnahmsweise nicht nur um ein weiteres Trendwort, sondern um eine Bewegung, die sich für die Akzeptanz wirklich aller Körperformen einsetzt. Dank der Body-Positivity-Aktivist*innen sehen wir mittlerweile Menschen mit realistischeren Körpern in der Werbung. Manchmal.

Seit acht Jahren arbeite ich bei einem Modemagazin. Von meinem Schreibtisch aus beobachte ich Veränderungen des Schönheitsideals – langsam, aber sicher. Wir hatten Heidi Klum im Alter von 46 Jahren ohne Make-up, Model Cindy Crawford mit 54 und die Schauspielerin Kristin Scott-Thomas mit 58 Jahren auf dem Cover. Was toll ist, aber: Keine dieser Frauen sieht aus wie eine durchschnittliche Frau im mittleren Alter.

Lange bevor Photoshop Fältchen und Unebenheiten herausfiltert, hat eine Armee von Ernährungsberater*innen, Stylist*innen, Kosmetiker*innen und Personal Trainern bereits mit diesen genetisch sehr gesegneten Frauen gearbeitet. Mitunter täglich. Denn Fitness und gutes Aussehen gehören inzwischen zum Berufsbild einer Schauspielerin und erst recht eines Models. Für mich hingegen ist es eine zusätzliche Herausforderung.

Eine ehemalige Zirkusakrobatin und Fitnesspädagogin trainiert zweimal in der Woche zwei Paare mittleren Alters in drei Etagen meines Hauses nacheinander, sie arbeitet sich vom sechsten Stock aus abwärts. Meine Nachbar*innen schwärmen von ihr und ihren ganzheitlichen Trainingsmethoden. Klingt gut, nur: Eine 10er-Karte kostet bei ihr 900 Euro.

Es geht auch billiger, dann aber in der Gruppe. Wir wohnen an einem Park. Sobald der Boden nicht mehr gefroren ist, verwandelt sich die Grünfläche in eine Art Freiluftgym. Dort offenbart sich die ganze Bandbreite körperlicher Aktivität: Frauen meines Alters steigen in modischen Yogahosen aus mitunter riesigen SUVs, um sich von einem jungen Adonis auf dem Basketballplatz unter der Brücke eine Stunde lang schikanieren zu lassen: »Komm, gib alles!«, höre ich immer wieder, oder kryptische Anweisungen wie: »Get over yourself!« Menschenkreise um eine schreiende Trainerfigur bilden sich auch an Bäumen, deren Äste mit Latexbändern umwickelt und zu Muskelwiderstandsgeräten umfunktioniert werden. Eine Freundin besucht ein solches Bootcamp und bezeichnet sich selbst als süchtig.

Eine andere, ehrgeizige Hobby-Sportlerin wird erfinderisch: Auf der sehr stark befahrenen Fahrradrampe im Park macht eine Frau um die vierzig regelmäßig Yoga. Wirklich. Sie rollt ihre Matte aus und macht zwischen den Lastenfahrrädern, Laufrädern, Joggern, Spaziergängern und Mieträdern die Fünf Tibeter. Auf dem Platz vor dem Haus wechseln sich Salsa-Gruppen mit klassischen Aerobic-Kursen ab. Persönlich bevorzuge ich die Salsa-Damen, ihre Musik gefällt mir besser und ihre Bewegungen sind fließender als die der Bootcamp-Gruppen. Ich ertappe mich beim Mitmachen am Balkonfenster und hoffe, dass mich niemand sieht.

Meine Lieblingshose ist immer noch zu eng. Ich möchte meinen Bauch lieben, aber noch lieber möchte ich, dass dieser neue Bauch gar keine explizite Liebe nötig hat, weil die Extra-Fettrolle einfach wieder verschwindet – schlechte Voraussetzungen für überzeugende Body Positivity. Neuer Druck, neuer Stress, wieder nix mit »Relax, Baby«. Okay. Selbstliebe. Schwabbelbauch. Meinetwegen. Uff. Ich stelle mich vor den Spiegel und betrachte die Masse in der Mitte meines Körpers. Früher sprach man von der Schwerkraft, die sich mit steigendem Alter ihren Weg bahnt und alles zum Hängen bringt, was in jungen Jahren noch fest sitzt – Brüste, Oberarme, Bauch und Wangen bewegen sich aufgrund dieser Kraft nach unten.

Das Problem ist, dass, sobald ich mich im Kopf einigermaßen auf »okay« eingestellt habe, mich der nächstbeste Gesundheitsapostel schimpft, egal ob Arzt/Ärztin, Physiotherpeut*in oder Osteopath*in: Muskelabbau verursache Schonhaltungen, die wiederum für Verspannungen im Nacken und in den Schultern führen. Also: Sport, Sport, Sport! Ärzt*innen sind zwar auch voll fürs Relaxen, aber eben auch fürs Sportmachen, am besten irgendwas, »was Ihnen so richtig Spaß macht!« *Yeah, let's move!*

Denn egal, ob und wie sehr man seinen Körper lieb hat, etwas Muskelaufbau hilft auch dem Wohlbefinden. Also wird später relaxt und stattdessen weitertrainiert, allerdings für den eigenen Körper und nicht dagegen. Okay. Andere Motivation, gleiches Leistungsprinzip, oder? ODER?! Wie mache ich es denn RICHTIG?! Ich bin nicht GEREIZT, ich bin VERWIRRT (vielleicht auch beides).

Auch hier: Widersprüche. Die zunächst ganz einfach zu erklären sind, denn Body Positivity ist eine soziale Bewegung, Vorsorge eine medizinische. Im Klartext: Ich muss mich nicht als Frau schlecht fühlen, wenn ich eine Hosengröße größer kaufe, sondern als biologische Funktionseinheit. Männer trifft dieser Teil des Älterwerdens genauso, sie müssen auch ran, auch Fett abbauen, auch Sport treiben.

Leider bin ich total unsportlich. Immer schon gewesen. Talentfrei, spaßbefreit. Also balanciere ich unmotiviert auf ausrangierten Eisenbahnschienen im Park und mache Gleichgewichtsübungen auf dem abends verlassenen Kinderspielplatz.

»Trau dich!«, motiviert mich mein Sohn. Manchmal fällt es mir schwer zu glauben, dass meine motorisch unterentwickelten Gene ein solch sportliches Kind hervorbringen konnten. Der Kleine besitzt ein Holzsurfbrett, mit dem man im Wohnzimmer auf einer großen Korkrolle Surfen üben kann. Das Prinzip ist eigentlich einfach: Man muss das Körpergewicht immer so verlagern, dass das Brett auf der Rolle waagerecht stehen bleibt. Ich schaffe es nicht mal, freihändig auf dem Ding zu stehen. Ich fühle mich darauf so graziös wie eine Elefantenkuh auf dem Hochseil. Gleichgewichtsübungen sollen den Rumpf stärken.

Bewegung und Muskeltraining tauchen auf jeder Liste gegen perimenopausale Beschwerden auf, gleich neben Alkohol-, Fleisch und Zuckerverzicht (dazu später mehr) und Meditation. Von Nordic Walking bis Krafttraining ist alles gut, was den Muskelaufbau stärkt.

Das muskulöse Erscheinungsbild prominenter Frauen im mittleren Alter spricht für sich: Madonna, Jennifer Lopez, Viola Davis und Michelle Yeoh – vier erfolgreiche Frauen über fünfzig aus vier Ethnien, ähneln eher attraktiven Türsteherinnen als pflegebedürftigen Großmüttern. Statt Sahnetorte zu vertilgen, hauen diese »Omas« veganes Feigenbrot mit der Handkante in mundgerechte Stücke. Sie stehen für ein neues Schönheitsideal »reifer Frauen«. Meine Mutter bezeichnete muskulöse Frauen noch als »Mannsweiber« (Frauen, die sich wie Männer benehmen oder aussehen).

Wäre ein gestählter Körper also die Lösung für meine perimenopausale Fettschicht? Kämpfen Frauen im Klimakterium sprichwörtlich gegen die Verkümmerung der Eierstöcke? Müssen Frauen, die mehr als nur Großmutter oder Schwiegermutter sein wollen, nun aussehen wie Arnold Schwarzenegger zu Mister-Universum-Zeiten?

Ja. Denn eine gesunde Muskelmasse stärkt das Skelett, stabilisiert es gegen Außeneinwirkungen. Je älter Menschen werden, desto mehr schrumpft die Knochenmasse und desto brüchiger werden unsere Knochen. Das fehlende Östrogen macht Frauen in und nach den Wechseljahren anfälliger für Osteoporose, den gefürchteten Schwund der Knochendichte – da macht es Sinn, mit Sport und Muskeltraining gegenzusteuern. Tatsächlich sind Sport und Training kaum aus dem gesunden, modernen Selbstbild wegzudenken. Und das ist gut so. Wenn ich heute am Strand Frauen zwischen vierzig und fünfzig betrachte, sehe ich von Rückzug keine Spur. Stattdessen entdecke ich immer mehr Frauen mit Sixpacks und Oberarmen wie Madonna zu ihren besten Zeiten. Diese Frauen ziehen sich nirgendwohin zurück, sie werden weiterarbeiten, weiterleben, weitertrainieren und ab und zu heulend mit der Chipstüte auf dem Sofa landen.

Aber die Widersprüche bleiben: Ist das nun weibliche Selbstermächtigung oder ein weiterer Schritt zur Selbstoptimierung, um gesellschaftlichen Ansprüchen zu genügen? Ist das Selbstliebe oder eher Angst, nicht mehr scharf genug auszusehen? Kann, darf es beides sein?

Dass Frauen überhaupt Sport machen *dürfen,* ist eine noch relativ junge Errungenschaft. Und siehe da: Die moderne Geschichte des Sports für Frauen liest sich selbst wie ein Stop-and-go aus Selbstbestimmung und Unterdrückung. Selbst Leistungssport, wie wir ihn heute kennen, entstand erst im 19. Jahrhundert. Zuvor war körperliche Ertüchtigung einzig und allein adligen Männern zum Zeitvertreib vorbehalten.

1896 fand die erste Olympiade der Neuzeit in Athen statt – teilnehmen durften natürlich nur Männer. Der Veranstalter erklärte damals: »Die Spiele werden feierlich und regelmäßig stattfinden, um das männliche Athletentum zur Schau zu stellen.« Aha. Frauen fanden in Baron de Coubertins Olympischem Gedanken jedoch auch ihren Ehrenplatz – auf der Tribüne: »Der Applaus der Frauen ist Lohn und Anreiz für die Sportler.« In der Antike habe es auch keine weiblichen Teilnehmer gegeben, also werden auch die modernen Spiele ohne sie stattfinden (was nicht korrekt ist, denn es nahmen durchaus Frauen an den antiken Spielen teil).

Sport, so viel war zunächst klar, blieb erst mal Männersache. Ein athletischer Körper wurde entsprechend männlich konnotiert. Der weibliche Körper hingegen, so hieß es, sei zu schwach und zu gebrechlich für Leistungssport. Dazu muss man wissen: Das körperliche Idealbild einer Frau war zu Beginn des 19. Jahrhunderts zart, passiv und zerbrechlich. Manche Kulturhistoriker*innen rätseln, ob das kränkliche viktorianische Schönheitsideal vom Erscheinungsbild Tuberkulose-Erkrankter geprägt war. Als »feminin« galten blasse, zerbrechliche Körper (man erinnere sich: schwaches Geschlecht). Was damals »schön« aussah, passte auch ins konservative Gesellschaftsbild des viktorianischen Englands: Eine kränkliche Frau ist leichter zu dominieren als eine gesunde; eine 45-Jährige, die unter Osteoporose leidet und vor Müdigkeit nicht aus dem Haus kommt, wird weniger aufbegehren als eine durchtrainierte, gesunde Frau gleichen Alters, die ihre eigene Vitalität in jeder Faser spürt.

Training stärkt die Haltung, verbessert das Körpergefühl – doch genau das sollte vermieden werden. Entsprechend wurde ein muskulöser Körper kurzerhand als »unfeminin« bezeichnet. Sogar gesundheitliche Defizite wurde Sport treibenden Frauen unterstellt: Eierstöcke und Gebärmutter würden durch Leibesübungen beschädigt werden. Aktivitäten wie Klettern, Springen und Rennen führten zur Ablehnung von Männern und Unfruchtbarkeit (oder, Schreck lass nach, beidem). Kurzum: Nicht weniger als die gesamte Weiblichkeit stand durch Bewegung auf dem Spiel.

Arbeitende Frauen, die extremer körperlicher Belastung ausgesetzt waren, wie Wäscherinnen, Kellnerinnen, Landwirtinnen oder auch nur einfach Mütter sehr vieler Kinder, litten häufig unter starken Rückenproblemen. Aber es gab keinerlei gezielte Möglichkeit, körperlichen Schäden durch Gymnastik oder entsprechende Übungen vorzubeugen. Die Lebenserwartung von Arbeiterinnen war entsprechend kurz.

Im späten 19. Jahrhundert wurden Sportarten wie Reiten, Golf, Bogenschießen und Tennis als Freizeitgestaltung für Upperclass-Ladys nach und nach gesellschaftsfähig. Die körperliche Ertüchtigung eröffnete eine unverhoffte Form der Selbstermächtigung: Frauen erlangten, zumindest während sie Sport trieben, die Hoheit über ihre Körper zurück. Bereits an der zweiten Olympiade nahmen 22 Frauen in den Disziplinen Segeln, Krocket und Reitsport teil, zwei Frauen traten im Tennis und Golf an. Männer befanden, dass Frauen nicht gegen sie antreten sollten, und organisierten separate Damen-Wettbewerbe.

Den Frauen aus der Arbeiterklasse blieben hingegen nur lange Spaziergänge. Es wurden sogar Wettbewerbe ausgefochten: Pedestrianismus, das Langstrecken-Gehen, ist ein Vorläufer des modernen Marathons. Weil Gehen schon damals Volkssport war, wurde die Teilnahme auch Frauen gestattet. Die Regeln waren denkbar einfach: Laufen, so weit und so schnell die Füße einen trugen.

Einen großen Durchbruch in Sachen Massensport schaffte die Erfindung des Damenfahrrads mit tiefem Einstieg von 1889: Es ermöglichte auch Frauen Training und eigenständige Mobilität. Zugang zu Sportklubs oder auch nur Informationen über Sport für Frauen blieb Nicht-Adeligen dennoch versagt.

Die wilden Zwanzigerjahre des 20. Jahrhunderts beendeten für die Frauen das kränkliche Schönheitsideal des Viktorianischen Zeitalters. Die modernen Flapper-Girls entsagten Korsagen und Haarknoten und trugen stattdessen locker den Körper umspielende kurze Kleider und Bubiköpfe. Dünne, knabenhafte Körper kamen in Mode. Eine Befreiung? Einerseits, sicher. Aber dem tatsächlichen Korsett folgte das unsichtbare des gesellschaftlichen Anspruchs an den weiblichen Körper: Nun sollte er modern und trotzdem begehrenswert sein. Es folgte die bis dahin größte Diät- und Sportwelle in der westlichen Welt. Der moderne Look löste erste Häufungen von Magersuchtsfällen aus, machte aber eben auch den Breitensport populär.

Natürlich brachte diese Entwicklung auch eine eigene Pionierin in Sachen Fitness hervor. Man könnte Abbye »Pudgy« Stockton als erste Fitness-Influencerin der Geschichte bezeichnen, als Urgroßmutter von Pamela Reif und Co. Am »Muscle Beach«, damals noch im kalifornischen Santa Monica, machte sie in den frühen 1940er-Jahren von sich reden. Die noch nicht einmal 160 Zentimeter kleine Frau war so stark, dass ihr 180 Zentimeter großer Ehemann Les, ebenfalls begeisterter Bodybuilder, abgestützt auf ihren über den Kopf gestreckten Armen einen Handstand machen konnte.

Pudgy wollte aber nicht nur ihren eigenen Körper, sondern die Körper möglichst vieler Frauen stärken. 1944 veröffentlichte sie im damals einflussreichsten Fitness-Magazin *Strength & Health* das erste Workout-Programm für Frauen. Nach dem Krieg eröffnete sie mit ihrem Mann gleich zwei Fitnessstudios nebeneinander in Beverly Hills, eines für Männer und eines für Frauen. Pudgy Stockton ist somit eine Begründerin der modernen Fitness für Frauen, Pionierin weiblicher und körperlicher Selbstbestimmung.

Oder vielleicht doch nicht? Sind nicht auch Schönheitswahn und Körperkult auf Frauen wie Pudgy zurückzuführen? Die Kommerzialisierung körperlicher Ertüchtigung? Frauen gingen und gehen ins Fitnessstudio, um Sport zu machen und ihre Körper zu trainieren; aber eben auch, um nicht dick zu werden und um Männern zu gefallen. Die Linie lässt sich gerade von Pudgy über Jane Fondas politisch motivierte Aerobic-Videos (sie finanzierte mit den Einnahmen ihren politischen Aktivismus) bis zu Gwyneth Paltrows *Goop*-Wellnessprodukten ziehen: Körperkult ist ein Riesengeschäft. Die

Grenze zwischen Gesundheit und Selbstbestimmung durch Sport einerseits und Unterwerfung des vom *male gaze* dominierten Schönheitswahns andererseits verläuft entsprechend fließend. Beziehungsweise: Wo fängt die Selbstliebe an, und wo hört der Anspruch an unrealistische Schönheitsideale auf? Wann kapituliere ich gegenüber dem Leistungsprinzip, und wann tue ich wirklich etwas für mich?

Beim Nordic Walken beispielsweise. Nicht mal Jane Fonda könnte beim Mit-Skistöcken-durch-den-Park-Marschieren sexy aussehen. Nordic Walking ist die Funktionskleidung unter den Sportarten: praktisch und vollkommen unsexy. Passenderweise ist das die Disziplin, die vielen Frauen im Klimakterium empfohlen wird. Walken gilt als weniger anstrengend und gelenkschonender als Joggen, hat aber laut Experten die gleichen gesundheitlichen Vorteile. Es sollen etwa sieben Kalorien pro Minute verbrannt werden und sogar mehr Sauerstoff in die Blutbahnen und zu den Organen gelangen, als beim Joggen. Die gesteigerte Herzfrequenz fördert logischerweise die Durchblutung, ist also gut fürs Herz-Kreislauf-System. Regelmäßiges Walken löst außerdem Verspannungen im Körper, Muskeln werden elastischer, widerstandsfähiger und belastbarer, was wiederum Knochen und Gelenke entlastet. So kann man mit Walking Osteoporose und Arthrose vorbeugen oder die Symptome der Erkrankungen mildern. Durch die Stöcke werden auch die Schultern, Rücken, Brust und Arme gestärkt – es sieht halt nur nicht besonders cool aus. Aber ist das nicht auch die Übung: Den Coolnessfaktor weniger wichtig zu nehmen? Also: Ran an die Stöcke! Hot Yoga macht eben nur meine Astralprojektion.

Wenn ich mich aufraffen kann, gehe ich allerdings am liebsten schwimmen. Im Schwimmbad nicken mir gleichgesinnte Frauen mittleren Alters zu, wenn wir, untermalt vom sanften Platschen der Chlorwasserwellen, gemächlich wie Walkühe unsere Bahnen ziehen. Gut aussehen tut man mit Badekappe, Schwimmbrille und Ohrenstöpseln eben auch nicht. Aber ich bin glücklich beim Schwimmen, und besonders Beschwerden wie Ziehen in der Brust oder Bauchkrämpfe werden durchs Schwimmen – wie durch Bewegung allgemein – viel besser.

Denn: Egal, wie befreiend es sein kann, im Laufe der Jahre immer weniger darauf zu geben, wie andere mich sehen, so unheimlich bleibt der körperliche Alterungsprozess selbst, sprich: der Verfall. Falten und Fettpolster sind ätzend, aber letztendlich oberflächlich und, wenn man denn möchte und über ausreichend Ressourcen verfügt, durchaus hinauszuzögern und wegzuspritzen. Eine Botox-to-go-Spritze kostet mittlerweile um die 300 Euro und hält ungefähr sechs Monate, eine Fettabsaugung am Bauch ungefähr 2000 Euro, ein non-invasives Fadenlifting um die 350 Euro für zwei Jahre Wirkung. Das ist allerdings alles rein kosmetisch. Herz-Kreislauf-Probleme und Osteoporose sind weitaus schwieriger zu behandeln. Aber die Freiheiten des Älterwerdens lassen sich tatsächlich entspannter genießen, wenn ich mich fit fühle und gesund bin.

Die eigene Muskulatur, den eigenen Körper, kann und sollte jede Frau jeden Alters hegen und pflegen, besonders im und nach dem Klimakterium. Ist doch klar: Mit Schmerzen, Krankheiten und Verletzungen kann ich meine zweite Lebenshälfte nicht genießen.

An das Fitness-Budget von Jennifer Lopez, den Trainingsplan von Michelle Yeoh oder die Disziplin von Viola Davis werde ich nicht mehr rankommen, aber ich möchte trotzdem mobil bleiben, weshalb ich versuche mich so oft wie möglich aufzuraffen. Ich fahre Fahrrad, gehe spazieren, schwimme und walke. Eine Sportskanone werde ich nicht mehr, aber: Athletische Frauenkörper über fünfzig sind nicht mehr oder weniger weiblich als mein Unterbauchfett und die Cellulite.

Frausein im 21. Jahrhundert sollte nichts mehr mit vorgefertigten Körperbildern zu tun haben. Die hyperindividualisierte Gesellschaft braucht keine mehrheitstauglichen Schönheitsideale mehr. Feminin ist, was sich individuell feminin anfühlt.

KAPITEL 5

Scheidentrockenheit

Viva la Vulva: von Sex, mittelalterlichen Exhibitionistinnen und Laserstrahlen

Eine 55-jährige Single-Freundin erzählt mir, dass sie durchaus Interesse an Dating hätte, sich aber überhaupt keinen Sex mehr vorstellen könne. Selbst ein Besuch bei ihrem Gynäkologen bereitet ihr so immense Schmerzen, dass allein der Gedanke an Penetration sie erschaudern lässt.

Ich erzähle einer anderen Freundin davon. Sie ist 42, hat jede Menge Dating-Erfahrung und plant auch überhaupt nicht, damit aufzuhören. Ihre Reaktion: blanke Panik.

»Was?! Das ist ja furchtbar! Passiert das immer? Meine Mutter hat immer noch Sex, die ist ja jetzt schon über siebzig.«

Sheila de Liz, Gynäkologin und erfreulich sexpositive Menopausenaktivistin, schreibt in *Woman on Fire,* dass 70 Prozent aller Frauen unter einer sich verengenden, starrer werdenden

Vulva während und vor allem nach dem Klimakterium leiden. Grund dafür ist Scheidentrockenheit.

S-C-H-E-I-D-E-N-T-R-O-C-K-E-N-H-E-I-T.

Das ist mal ein Wort – und weil's so schlimm ist, gleich noch mal:

S-C-H-E-I-D-E-N-T-R-O-C-K-E-N-H-E-I-T.

In dieser Buchstabenfolge des Grauens kommen gleich zwei latent misogyne Begriffe zum Einsatz: »Scheide« und »Trockenheit« in Zusammenhang mit dem weiblichen Geschlecht. Deswegen werde ich an dieser Stelle mal wieder mit einem medizinischen Fachbegriff für dieses biologische Phänomen um mich werfen: vulvovaginale Atrophie, zu Deutsch: Alterung der Vulva/Vagina. Es handelt sich hierbei um ein besonders unangenehmes Nebenprodukt des Klimakteriums. Grund hierfür: Durch den Östrogenmangel werden die Schamlippen und die Wände der Vagina nicht mehr ausreichend durchblutet – die Haut wird dünner und weniger elastisch. Auch hier gilt, wie beim Klimakterium selbst: Vielleicht ist das Wort sperrig, aber zumindest nicht vorbelastet. Die Folge vulvovaginaler Atrophie sind Juckreiz, Infektionen, Schmerzen beim Sex. Vertrocknen tut untenrum gar nichts, das Wort »Trockenheit« ist, laut de Liz, nicht nur irreführend, sondern falsch.

Persönlich liegt mir der Begriff »Scheide«, die geläufigste deutsche Bezeichnung für das weibliche Geschlechtsteil, überhaupt nicht. Mädchen hören es von Kindesbeinen an:

»Jetzt schön Popo und Scheide waschen …« Das hat schon meine Mutter zu mir gesagt. Ich erinnere mich, dass ich das Wort damals schon blöd fand: Warum eigentlich?

Vielleicht hilft es, sich das Ganze bildlich vorzustellen: Der Begriff selbst meint wörtlich »Behälter für ein Schwert« und ist aus der Militärsprache abgeleitet. Man erinnere sich an *Game of Thrones:* Allein das Geräusch, das ein Schwert macht, wenn es aus der Scheide herausgezogen oder hineingesteckt wird, suggeriert meines Erachtens alles andere als das, was wir heute im Sex-Kontext als Consent, als einvernehmlichen Sex, bezeichnen.

Eine Schwertscheide ohne Schwert erscheint mir auch nicht besonders nützlich, deswegen will ich meine Genitalien nicht »Scheide« nennen. Meine »Mumuh« existiert auch ohne »Schwert«, sogar lustorientiert, vielen Dank.

Welches Wort benutze ich nun am besten? »Möse«, »Muschi«? Sind im ursprünglichen Gebrauch an »liederliche« Frauen gebunden. »Pussy«, ähm, »Honigtopf«, nee, klingt mir zu pornomäßig. Ich mochte Vagina, nur ist das lateinisch und heißt wörtlich übersetzt eben auch nichts anderes als »Scheide«.

Wie ein Bumerang fliegt der Schwertbehälter immer wieder zu mir zurück. Letztendlich sind weder »Scheide« noch »Vagina« korrekt, denn als Vagina bezeichnet man nur den Tunnel zwischen dem Eingang und der Gebärmutter. Der sichtbare Teil des weiblichen Geschlechtsorgans mit den Schamlippen, der Klitoris und dem Urinkanal sowie der anatomischen Vagina heißt Vulva. Mein Sohn übrigens hat glücklicherweise genau diese Anatomie im Sexualkundeunterricht gelernt.

Um sich besser vorstellen zu können, warum es sich im Namen der Selbstachtung lohnt, über ein Wort nachzudenken, und warum es sich lohnt, schwierige lateinische Bezeichnungen zu lernen und zu benutzen, ziehe ich vergleichend die männliche Anatomie heran: Die Bezeichnung »Scheide« ist ein bisschen so, als würde man das männliche Geschlechtsteil als »Samenleiter« oder »Schwellkörper« (oder als Schwert, oje) bezeichnen. Es gibt einen Samenleiter und einen Schwellkörper im männlichen Geschlechtstrakt, so wie es eben eine Vagina, meinetwegen auch eine Scheide in der weiblichen Anatomie gibt.

Demnach müsste man von Erektionsstörungen als »Samenleitertrockenheit« oder »Schwellkörpererschlaffung« sprechen, um eine Entsprechung für Scheidentrockenheit zu bekommen. Das klänge dann umgangssprachlich so:

Bei Männern im Alter zwischen 45 und 55 Jahren kommt es häufiger zu Schwellkörpererschlaffung.

Schon beim Aufschreiben bekomme ich Angst. Denn: Natürlich ist es gemein, intime Probleme ins Lächerliche zu ziehen. Entsprechend sollte man sich von jeglichen Assoziationen der »ausgetrockneten Alten« bitte für immer verabschieden. Das Problem, unter dem Frauen im Klimakterium leiden, heißt vulvovaginale Atrophie. Sich das zu merken schafft man. Keine Angst.

Ich gehöre übrigens selbst nicht zu den Frauen, die ihre Vulva lustvoll mit dem Spiegel erforschen. Abstrahierte Vulven in der Kunst schaue ich mir gern an. Wenn ich aber beispielsweise »Vagina«, »Vulva« oder »Scheide« google und mir Hunderte weibliche Geschlechtsorgane entgegenstrahlen, macht mich das nervös.

Vielleicht kann ich mich dem Thema ja anders annähern. Mithilfe einer Frau, die ich mir gern als meine Freundin vorstellen würde. Mutmaßlich ist sie deutlich älter als ich und entstammt weniger emanzipierten Zeiten – man datiert sie auf das 11. oder 12. Jahrhundert. Ihr Name ist Sheela-na-Gig. Sie gehört zu den Mysterien der Kulturgeschichte. Zu Hause ist sie an den Fassaden mittelalterlicher Kirchen in Großbritannien und Irland. Sheelas genaue Funktion ist bis heute unbekannt – die in Stein gemeißelte Dame ist haarlos, klein, blickt die Besucher neugierig an und streckt ihnen ihre weit geöffnete Vulva – Porno-Style – entgegen. Selbstverständlich gingen männliche Historiker lange davon aus, dass Sheela Männer und Mönche vor der teuflischen weiblichen Lust warnen sollte.

Nur ist Sheela überhaupt nicht sexy. Eher frech, unverschämt oder auch total Furcht einflößend.

Die Musikerin PJ Harvey besang Sheela in ihrem 1990er-Song »Sheela-na-Gig« über ein gereiztes, grungiges Gitarrenriff:

> *Sheela-na-Gig, Sheela-na-Gig/*
> *You exhibitionist!*

Warum zeigt Sheela ihre Vulva? Historiker*innen spekulieren: Im antiken Griechenland glaubte man, dass das Offenbaren weiblicher Geschlechtsteile Unglück oder gar Dämonen vertreiben könnte. Diese Vorstellung vom magischen weiblichen Exhibitionismus spannt sich überraschenderweise über die Kulturen aller Erdteile. Tatsächlich gibt es sogar einen vornehmen altgriechischen Fachbegriff dafür: »Anasyrma«.

Und hier einige Beispiele für ein solches Anasyrma: Eine Frau, die ihre Tage hat und ihre Vulva entblößt, könne laut dem römischen Autor Plinius dem Älteren Hagelstürme abwenden. Auf dem Balkan sollen Frauen ihre Röcke auf dem Feld gelüpft haben, um Regenperioden zu beenden. In Nigeria kann eine Frau durch das Entblößen ihres Geschlechts jemanden mit einem Fluch belegen: Sie gibt und nimmt Leben mit ihrer Vulva (logisch, wenn man es so betrachtet).

Es gibt demnach eine kulturelle Bedeutung der Vulva, die gar nichts mit Sex zu tun hat, sondern im Gegenteil, ähnlich wie der Phallus selbst, eine Machtposition symbolisiert. Schau an. Also doch kein Behälter, der auf »Füllung« wartet, sondern ein magisches Abschreckungssymbol, ein eingebautes Abwehrsystem gegen dämonische Kräfte!

Meine Freundin Sheela könnte somit ein Talisman gewesen sein, eines der vielen Symbole, die Christentum und antike heidnische Bräuche miteinander verbinden, wie der Osterhase und der Weihnachtsbaum. Vielleicht war sie eine Fruchtbarkeitsgöttin, vielleicht eine architektonische Zote. Jedenfalls war sie kein Lustobjekt.

Heute gilt sie als Schutzheilige irischer Feministinnen, die britische Künstlerin Sarah Lucas hat ihr eine Skulptur gewidmet.

Im Gegensatz zu ihren steinzeitlichen Schwestern, den prähistorischen Figurinen *Venus von Willendorf* und *Venus von Hohlefels* wirkt Sheela geradezu de-sexualisiert. Diese wesentlich älteren, aber kaum besser erforschten oder interpretierten Kunstfunde zeigen wuchtige Frauenkörper mit überspitzt dargestellten Brüsten und Vulven. Welche Funktionen sie erfüllten, ob sie Göttinnen, Urmütter oder Steinzeit-Porno waren, weiß man bis heute nicht. Vermutlich waren sie ein Symbol für Fruchtbarkeit. Sheela hingegen ist haar- und brustlos, wirkt beinah koboldhaft und kann kaum als pornografische Vorlage verunglimpft werden wie die Venusfigurinen. Kulturhistoriker glauben, es handele sich um eine alte Frau, eine *crone* (altes Weib) oder gar eine *hag,* eine Hexe.

Ich würde Sheela gern zur Galionsfigur für Frauen im Klimakterium erklären. Selbst wenn die sprichwörtliche Fruchtbarkeit ausbleibt, ist doch noch genug weibliche Energie im Körper vorhanden, um Dämonen oder Unwetter abzuwehren. Ihre Vulva ist nicht ausgetrocknet, sie ist mächtig. Ihr Körper ist nicht schwach und nutzlos, er schützt und verteidigt.

Warum habe ich denn nun Probleme mit Vulven? Weil ich nicht mit ihnen aufgewachsen bin. Ich bin mit einer »Scheide« aufgewachsen, die man waschen, bedecken und verstecken muss. Sie ist einzig zur Fortpflanzung gedacht, ansonsten hat sie keine Funktion. Meine Mutter wusste vermutlich recht wenig über ihre eigene Anatomie, entsprechend konnte sie auch nur wenig Nützliches an mich weitergeben. Ohne Wissen, ohne Aufklärung bleiben die eigenen körperlichen Bedürfnisse auf der Strecke. Meine Mutter starb an Brustkrebs, nachdem sie sich jahrelang geweigert hatte, zum Arzt zu gehen. Mied sie ihren Gynäkologen, weil ihr die Untersuchung unangenehm war? Weil durch Verengung der Vagina jegliche Eingriffe schmerzten?

Sheila de Liz schreibt übrigens, dass Gleitgele und Öle bei vulvovaginaler Atrophie nicht helfen, sondern das Problem sogar mitunter verstärken. Doch es gibt etwas, das hilft: lokale Hormoncremes ebenso wie Laserbehandlungen, die auch de Liz in ihrer Praxis in Wiesbaden anbietet. Sie schreibt auf ihrer Webseite: »Inzwischen gibt es endlich Abhilfe: eine Laserbehandlung mit dem CO_2-Laser ›Mona Lisa Touch‹. Mithilfe einer Sonde wird dabei die Schleimhaut in der Scheide gelasert und so die Zell- und Kollagenproduktion wieder angeregt. Es ist ein sicheres Verfahren, das nur etwa 15 Minuten dauert. Eine Verbesserung ist meist schon nach der ersten Behandlung spürbar.«

In den meisten deutschen Städten wird diese Behandlung mittlerweile angeboten. Es werden drei Sitzungen empfohlen, danach soll einmal im Jahr nachgelegt werden. Eine Sitzung kostet ungefähr 400 Euro. Das ist nicht billig, aber wenn ich bedenke, was meine Hörgeräte gekostet haben … Ein kleiner Trost: Viagra ist auch eine Selbstzahlerleistung, Krankenkassen gewähren nur bei bestimmten medizinischen Indikationen einen Zuschuss zur Behandlung. Vier Viagra-Tabletten kosten je nach Hersteller zwischen acht und 22 Euro. Die Redewendung *Sex sells* bekommt so eine ganz neue Bedeutung.

Stünde einzig die zu enge Vulva zwischen mir und einem erfüllten Sexleben, ich würde das Geld für die Laserbehandlung zusammenkratzen. Ich trage, wie bereits erwähnt, auch mein sehr teures Hörgerät, um meine Lebensqualität zu verbessern. Niemand würde in diesem Fall sagen: Ein Hörgerät ist unnatürlich und reine Profitgier. Akzeptier doch, dass du älter wirst und schlechter hörst. Im Gegenteil: Wenn der Hörnerv nicht mehr richtig funktioniert, »vergisst« das Gehirn Töne und Klänge. Der Abbau kognitiver Fähigkeiten und Demenz wird begünstigt, also rasch ein paar Tausend Euro für Hörgeräte investieren.

Vielleicht sollte man eine solche Studie einmal anstoßen: Wie Sexlosigkeit aufgrund von vulvovaginaler Atrophie das Wohlbefinden und die Gesundheit älterer Frauen beeinträchtigt. Gäbe es eine derartige Untersuchung, könnte ich jetzt ein tolles medizinisches, faktenbasiertes Argument für Östrogencremes und Laserbehandlungen vorbringen. Dann würden sich Krankenkassen vielleicht an den Kosten ebendieser Behandlungen beteiligen. Leider existiert so eine Studie noch nicht. Deswegen: Prioritäten setzen, recherchieren und an Sheela-na-Gig denken. Ich wette, es war ihr total egal, was andere von ihr dachten.

KAPITEL 6

Unregelmäßige Zyklen

Auf Eis gelegt: vom technologischen Fortschritt, selbstbestimmter Fruchtbarkeit und Social Freezing

Nicht nur blute ich seit meiner perimenopausalen Malaise während meiner Periode deutlich stärker, ich bekomme sie auch häufiger. Ein Zyklus dauert bei mir im Augenblick zwischen 19 und 25 Tagen, Stimmungsschwankungen kommen mitunter Schlag auf Schlag: Gerade raus aus der Periode werde ich schon fast wieder prämenstrual, emotional. Vom Regen in die Traufe, könnte man sagen.

Nachts träume ich, ich wäre schwanger. Ich spüre deutlich, wie ein kleines Lebewesen in meinem Bauch schwimmt. Im Traum frage ich mich, wie diese zweite Mutterschaft sein wird – zurück zur 24-Stunden-Betreuung, zum Stillen –, denn mit meinem zwölfjährigen Sohn habe ich fast wieder genauso viel Freiraum wie vorher. Am Morgen wache ich verwirrt auf. War das ein Echo meines Körpers, oder manifestierte sich über Nacht ein verschütteter Kinderwunsch? Tatsächlich wollten wir noch ein Kind, doch es hat sich nicht ergeben. Als ich mir endlich sicher war, dass ich noch einmal Mutter werden wollte, feierte ich gerade meinen 41. Geburtstag und fiel damit hinter die Bezahlschranke der deutschen Krankenkassen für In-vitro-Fertilisation (IVF). Denn meine biologische Fruchtbarkeit befand sich schon auf dem Rückzug. Zu diesem Zeitpunkt war mein AMH-Hormon, das sogenannte Anti-Müller-Hormon oder auch »Müllerwert«, das bestimmt, wie viele Eizellen die Eierstöcke produzieren, schon so niedrig, dass ich mich in eine laufende Hormondrüse hätte verwandeln müssen, um per IVF noch eine Chance auf eine Schwangerschaft zu haben.

Wir haben uns schließlich dagegen entschieden, denn wir hatten bereits einen wunderbaren Sohn. Außerdem hätten wir heiraten müssen, denn nur verheiratete Paare bekommen in Deutschland IVF von der Krankenkasse bezahlt – für genau drei Versuche.

Im Gespräch mit einer queeren Freundin erfuhr ich, dass es für Single-Frauen in Deutschland noch schwerer ist als für unverheiratete Paare, ein Kind auf anderem Wege als dem natürlichen zu bekommen. Erst seit 2020 ist es alleinstehenden Frauen gestattet, sich Spendersamen per IVF einpflanzen zu lassen. Das Gesetz bevorzugt in Deutschland heteronormative Familien gegenüber homosexuellen Paaren und Alleinstehenden. Artikel 6 des deutschen Grundgesetzes schützt ausdrücklich die Familie, die Ehe, die Mutter und, in einem gesonderten Absatz, »uneheliche Kinder«: »Den unehelichen Kindern sind durch die Gesetzgebung die gleichen Bedingungen für ihre leibliche und seelische Entwicklung und ihre Stellung in der Gesellschaft zu schaffen wie den ehelichen Kindern.«

Dieser Schutz der Familie ist in der UN-Charta, aber keiner Verfassung festgehalten – außer im deutschen Grundgesetz. Das macht Artikel 6 zu einer Besonderheit hierzulande. Er geht auf die katholische Prägung Konrad Adenauers und seines Familienministers Franz-Josef Wuermeling zurück. Der war der Überzeugung, dass die Familie die »Kernzelle der Gesellschaft« sei – bestehend aus Vater, Mutter und Kindern. Single-Elternschaft oder arbeitende Mütter fanden im Gedankenkosmos der Gründerväter der Bundesrepublik keinen Platz. Dabei kann man die Bonner Republik selbst als »uneheliches Kind« bezeichnen – eine Gründermutter hat sie nämlich nicht.

Im Klartext: Eine alleinstehende Frau im gebärfähigen Alter brauchte bis 2020 einen lebenden, zeugungsfähigen Sexpartner als Samenspender. Viel Spaß bei der Suche danach. Nichts ist aufregender als eine Frau im Babyfieber auf der Suche nach dem richtigen Erzeuger. Die Schriftstellerin Mirna Funk hat genau das erlebt. Mit 28 Jahren wollte sie unbedingt Mutter werden, hatte aber keinen Partner. Sie erinnert sich: »Ich habe den Vater meiner Tochter in einer unfreien Situation ausgesucht. Unfrei deswegen, weil ich so *needy* war. Folglich habe ich mir deshalb einen relativ schlechten Vater für mein Kind ausgesucht. Genetisch ist der super, alles ist gut, ich liebe mein Kind, ich würde das auch alles noch mal so machen, aber ich habe mir den Mann nicht besonders rational ausgesucht. Ich möchte auf keinen Fall mit sechsundvierzig oder achtundvierzig noch mal in diese Situation kommen.«

Ich treffe Mirna Funk zum Interview über Zoom. Sie sitzt auf ihrem Bett und lackiert sich die Fußnägel, wenig später läuft sie an ihren Schreibtisch, weil dort das WLAN besser ist. Mirna hat gerade ihren zweiten Roman *Zwischen Du und Ich* veröffentlicht und arbeitet aktuell an einer TV-Serie. Außerdem kommentiert die praktizierende Jüdin Zeitgeschehen und hat damit einer jüngeren, modernen Generation deutscher Jüdinnen und Juden ein neues Gesicht gegeben. Die 41-Jährige ist eine Erscheinung, sie passt in keine traditionelle Schublade. So bezeichnet sich die Schriftstellerin als feministisch, findet sich als in Ost-Berlin geborene Frau allerdings nicht im westdeutsch-geprägten Feminismus wieder. Sie beglückt ihre Instagram-Follower nicht nur mit politischen Kommentaren, sondern durchaus auch mal mit Sex- und Beauty-Tipps. Im Gespräch beruft sie sich sogar auf Khloé Kardashian.

All das reicht schon, um als Frau für Verwirrung zu sorgen: Geht man nicht automatisch davon aus, dass eine Feministin links zu sein hat? Sollte eine ernst zu nehmende Kulturkritikerin nicht über Themen stehen, die sich mit so profanen Dingen wie dem Leben von Beauty- oder Reality-Stars beschäftigen? Überhaupt: Darf eine Feministin einen goldenen Porsche fahren?!

Für Mirna ist der größte persönliche Wert Freiheit, weil sie in »sozialistischer Unfreiheit aufgewachsen ist«, und diese möchte sie um keinen Preis aufs Spiel setzen. Wie viele in der DDR geborene und aufgewachsene Menschen unserer Generation musste sie den Kapitalismus erst lernen, mittlerweile interessiert sie sich sehr für Finanzen. Ein Gespräch mit Funk changiert immer zwischen druckreifen, reflektierten Sätzen und spitzen Kommentaren, die man vor wenigen Jahren in der »Tussi-Ecke« verortet hätte. Die klassischen Attribute guter, erfolgreicher deutscher Frauen – Bescheidenheit, Zurückhaltung und nach außen getragene Natürlichkeit – sucht man bei ihr vergeblich.

Wäre Mirna ein Mann, trüge sie Maßanzüge mit einer teuren, stylischen Vintage-Uhr und führe einen Porsche (den hat Frau Funk schon lange). Alles in allem entspräche Herr Funk in seinem Verhalten dem, was man als überzeugendes, charmantes und bestimmtes Auftreten bezeichnet. Herr Funk wäre ehrgeizig und zielstrebig, bewundert und begehrt. Nur ist Herr Funk im Leben nun mal Frau Funk – entsprechend polarisiert und fasziniert sie gleichermaßen. Nun hat sie sich für einen massiven, unnatürlichen, schwer kapitalistischen Eingriff entschieden: Wie ein erfolgreicher, selbstbestimmter Mann möchte sie sich nicht festlegen, ob sie nicht jenseits der fünfzig (und damit als Frau jenseits des Klimakteriums) vielleicht doch noch mal Kinder haben möchte. Deswegen lässt sie nun ihre Eizellen einfrieren, macht »Social Freezing«, um, vollkommen unabhängig vom Klimakterium, selbstbestimmt über einen eventuellen Kinderwunsch mit Ende vierzig, Anfang fünfzig zu entscheiden. Warum?

»Im Moment habe ich keinen Kinderwunsch«, erzählt Mirna Funk, »aber ich habe mit vierzig Jahren verstanden, dass wir durch unterschiedliche Phasen gehen und dass es jederzeit dazu kommen kann. Es kann sein, dass ich in sechs Monaten den krassesten Kinderwunsch ever verspüre, und dann denke ich, OMG, ich bin schon einundvierzig, ich brauche jetzt ganz dringend einen Mann, und dann mache ich denselben Quatsch wieder. Aber wenn ich die Eier habe, dann bin ich so: Chill mal, wenn jetzt der Dude nicht kommt, dann machst du's später.«

Dieser Eingriff wird in einem Kinderwunschzentrum durchgeführt. Ihre Ärztin hat sie über eine Freundin gefunden, die wie sie selbst Single-Mom ist und über In-vitro-Fertilisation gerade ein zweites Kind bekommen hat. Die Entnahme der Eier kostet einmalig 3500 Euro, die Lagerung 500 Euro pro Jahr. Teurer Spaß. Als Mirna Funk sich 2014 zum ersten Mal mit dem Thema beschäftigte, lagen die Kosten noch bei 10 000 Euro.

»Wie verläuft denn so ein Eingriff?«

»Man nimmt zehn Tage Hormone, um möglichst viele Eier zu bilden. Die Behandlung beginnt mit dem zweiten Tag der Periode, und noch vor dem Eisprung werden die Eier per Vollnarkose entnommen.«

»Gibt es Risiken?«

»Eine Vollnarkose sollte man bekanntermaßen nicht zu oft machen, das geht aufs Herz. Sonst gibt es wohl keine Risiken.«

»Werden die Eier auf jeden Fall fruchtbar sein, wenn du sie in fünf, zehn Jahren auftauen und befruchten lässt?«

»Natürlich nicht. Es gibt keine Garantie, das darf man nicht vergessen. Bei Khloé Kardashian zum Beispiel waren alle zwanzig Eier für'n Arsch. Das weiß ich, und das Risiko gehe ich ein. Aber ich glaube, dass, wenn es denn sein soll, schon ein Ei funktionieren wird. Es geht mir darum, mir selbst den Druck zu nehmen. Um bessere Entscheidungen treffen zu können.«

»Du kaufst dir also ein Stück reproduktive Selbstbestimmung zurück?«

»Absolut. Wenn ich gerade in einer finanziell außergewöhnlich bequemen Situation wäre, dann würde ich vielleicht jetzt sofort noch ein Kind bekommen. Ich weiß, ich hätte gern noch ein oder zwei weitere Kinder, weil ich das schön fände, für später und für meine Tochter. Aber: Ich kenne meine Kapazitäten und kenne meine eigenen Grenzen, und ich weiß, ich schaffe das gerade gut mit einem Kind, aber unser Leben gleicht einem Kartenhaus. Das habe ich so auf Kante gebaut, dass es im Augenblick super wuppt und alles prima läuft, aber wenn nur eine andere Karte dazukommt oder eine wegbricht, dann fällt alles andere in sich zusammen.«

»Stresst dich das?«

»Nein. Meine Tochter und ich sind glücklich im Moment. Ich möchte mich mit mehr Kindern genauso gut fühlen wie jetzt.«

Die Debatte um Social Freezing nahm 2014 das erste Mal international Fahrt auf. Damals verkündeten die Konzerne Apple und Facebook, dass sie für Mitarbeiterinnen die Kosten für das Einfrieren der Eizellen übernehmen würden. Es folgte ein weltweiter Aufschrei: Die Unternehmen mischten sich zu weit ins Privatleben ihrer Mitarbeiter*innen ein. »Mich fröstelt es, wenn ich darüber nachdenke. Wer Kinderkriegen nicht nur rational betrachtet – wie es am besten in den Wirtschaftsplan des Arbeitgebers passt –, der muss künftig als naiv, doof, altbacken und rückständig gelten«, schrieb Anna Reimann im *SPIEGEL*. »Und vor allem ist er dann selbst schuld, wenn es nicht klappt mit der eigenen Karriere.« Auch die damalige Familienministerin Manuela Schwesig fand den Plan »völlig daneben«. Lediglich die Journalistin Teresa Bücker sah überhaupt so etwas wie Vorteile. 2014 schrieb Bücker auf dem Blog *Edition F*: »Unternehmen schaffen auf diese Art mehr Wahlfreiheit für diejenigen Frauen, die in jüngerem Alter noch nicht sicher sind, ob sie überhaupt einmal Kinder wollen, die noch auf den passenden Partner warten, und sogar für diejenigen, die krank sind oder es einmal werden.« Bücker berücksichtigte in ihrer Analyse das andere Krankenversicherungssystem in den USA: Dort gibt es nämlich immer noch keine einheitliche, öffentliche medizinische Versorgung. Es gehört zu guten Arbeitsverträgen, den Mitarbeitern ein umfassendes Angebot zur Gesundheitsabsicherung zu machen. Die Publizistin sieht außerdem eine Möglichkeit, Fruchtbarkeitsbehandlungen und generell frauenmedizinische Themen stärker in den Gesprächsalltag einzubinden und somit zu normalisieren. Man spräche ja mit Kolleg*innen durchaus auch über Zahnprobleme, beispielsweise.

Ob es einen »perfekten« Augenblick fürs Kinderkriegen gibt, den man mit einer eingefrorenen Eizelle abpassen kann, muss jede Besitzerin eines kryptogefrorenen Eierdepots selbst wissen. Fakt ist: Frauen, die über das nötige Budget verfügen und bereit sind, diesen Posten einzuplanen, können etwas freier darüber entscheiden, wann und vor allem wie lange sie Kinder bekommen möchten.

Texte über Social Freezing auf Plattformen wie *Zeit Online* sorgen für rege Diskussionen im Forum. Viele Kommentator*innen finden, Menschen sollten einfach in jungen Jahren Eltern werden. Die Belastung, kleine Kinder großzuziehen, stecke man besser in seinen Zwanzigern und Dreißigern weg. Menschen im mittleren Alter könnten rein körperlich nicht mehr so viel stemmen. Frage: Gilt das für beide Geschlechter? Heißt es für Männer nicht immer, sie würden in der Mitte ihres Lebens beruflich so richtig durchstarten? Fordert das nicht auch körperliche Energie? Und was ist mit all den Männern, die im mittleren Alter noch Vater werden? Oder werden nur Frauenkörper zu alt und zu müde, um Kinder großzuziehen?

»Hast du keine Angst davor, mit fünfundvierzig oder fünfzig Jahren körperlich nicht mehr fit genug für ein Kind zu sein?«, frage ich Mirna, die ja durch ihr Social Freezing plant, relativ spät noch mal Mutter zu werden.

»Erstens: Ich würde alles machen, um bis zu meinem Tod den Körperzustand einer Vierzigjährigen zu haben. Um das zu tun, was ich am Leben liebe, muss ich ohnehin in meiner vollen Körperkraft stehen. Ich esse gesund. Ich mache jetzt zum ersten Mal in meinem Leben Sport, seit zwei Jahren, richtig krassen Kraftsport. Um weiterhin all die Sachen machen zu können, die das Leben mir bietet.«

»Eine Freundin von mir erlebte zwei Schwangerschaften, eine mit dreißig und eine mit vierzig Jahren. Sie erzählte mir, dass sie mit vierzig schon gemerkt hat, dass der Körper die Belastungen nicht mehr so gut wegsteckt. Schrecken dich solche Erfahrungen nicht ab?«

»Ich muss unabhängig von meinem Alter nicht noch mal die Erfahrung einer Schwangerschaft machen.«

»Warum nicht?«

»Ich hatte Fantasien: Ich wollte eine natürliche Geburt allein im Wald, die Nabelschnur durchbeißen und dann alleine mit dem blutigen Kind in die Stadt zurück. Nachdem ich das erste Mal in meinem Leben eine Geburt erlebt habe, ist mir klar geworden, dass das natürlich völliger Blödsinn ist. Am Ende habe ich einen Kaiserschnitt machen müssen, weil mein Kind nicht rauswollte. Ich wollte ein Jahr stillen, konnte aber nur sechs Wochen stillen, weil ich eine Brustentzündung hatte. Keine meiner Fantasien hat sich erfüllt, und die Welt dreht sich immer noch. Ich habe ein kerngesundes Kind ohne Allergien, wir haben eine supergute Bindung, das Leben ist in Ordnung. Wenn's erlaubt wäre, würde ich mir eine tolle Frau als Leihmutter suchen, ihr hier eine schöne Wohnung suchen und sie das Kind austragen lassen.«

»Könntest du dir auch eine Adoption vorstellen? Wenn es nur um Kinder und nicht unbedingt um die genetische Verwandtschaft geht?«

»Ich habe mir Adoption immer vorstellen können, eine Freundin von mir aus Tel Aviv ist adoptiert. Aber: Ich bin nicht so eine Über-Mom. Ich habe Freunde in Köln, ein lesbisches Paar, die zwei Mädchen adoptierten – die haben da wirklich so ein Dream-Home gebaut. Das bin ich nicht. Weil ich nicht diese Art von Muttercharakter bin. Ich will auch mal allein sein, und vor einem adoptierten Kind hätte ich ein schlechtes Gewissen. Es gibt Menschen, die wollen unbedingt ein Kind adoptieren. Denen würde ich den Vortritt lassen.«

»War dir eigentlich von Anfang an klar, dass du Single-Mom sein wolltest?«

»Nein. Ich war mit dem Vater meiner Tochter zusammen, wir waren verlobt, wir wollten heiraten – ich wollte schon den Kleinfamilientraum leben. Nach der Trennung war ich im Schock und dachte, Scheiße, eigentlich wolltest du das anders.«

»Und dann?«

»Dann merkte ich: Ach, das ist ja überhaupt gar nicht schlimm, im Gegenteil. Ich habe mehr Energie als vorher mit ihm.«

»Wenn man sich Kommentarspalten unter Artikeln zu Social Freezing durchliest, stolpert man über viele Kommentator*innen, die finden, dass Menschen, aber vor allem Frauen, nicht nur biologisch, sondern auch sozial zu alt für die Mutterschaft werden. So nach dem Motto: Die Natur wird sich schon was dabei gedacht haben ... Fürchtest du dich nicht vor Anfeindungen, wenn du mit fünfzig noch Mutter würdest?«

»Nein, gar nicht.«

Mirna erzählt, dass sie mittlerweile allen, vor allem jüngeren Frauen in ihrem Umfeld, zum Social Freezing rät, um sich so viel Entscheidungsfreiheit wie möglich zu sichern. Expert*innen halten eine Entnahme zwischen dem fünfundzwanzigsten und dem dreißigsten Lebensjahr ideal für bestmögliche Ergebnisse. Frauen, die in der Lage sind, das Geld dafür aufzubringen, können somit der biologischen Vorbestimmung ihrer Fruchtbarkeit zumindest ein Stück weit entgehen.

Vielleicht sollte unser Gesundheitssystem Social Freezing entweder wie IVF teilweise oder wie einen Schwangerschaftsabbruch bei finanziell schlechter gestellten Frauen übernehmen, um zumindest eine relative Chancengleichheit zu garantieren. Ursprünglich wurde das Verfahren für Frauen entwickelt, die durch eine Krebserkrankung keine Eizellen mehr produzieren können. In diesem Fall übernimmt ohnehin die Krankenkasse. Und wieder: Wenn Männer menstruieren oder sich fortpflanzen könnten, würden sie sicher auch jede Möglichkeit nutzen, um ihre Potenz länger zu erhalten.

Erste Studien besagen, dass die meisten eingefrorenen Eizellen ungenutzt bleiben, weil sich die Lebensumstände ändern, Frauen doch einen Partner treffen und dann auf herkömmlichem Wege schwanger werden. Vielleicht nimmt das Eizellendepot ganz einfach den Druck aus der Frage nach dem Kinderkriegen raus. Ich höre von vielen Paare, die nach jahrelangen Versuchen mit IVF schwanger wurden und danach noch ein Baby auf natürlichem Wege bekamen.

Wie sähe die Welt aus, wenn immer mehr Frauen ihre Eier einfrieren ließen? Würde der biologische und der gesellschaftliche Druck sich dann nicht automatisch fairer verteilen? Würden Männer aufhören, in der Mitte ihres Lebens nach jungen, gebärfreudigen Frauen zu suchen?

Für mich kommt die Option zu spät. Ich glaube auch nicht, dass es einen perfekten Zeitpunkt zum Elternwerden gibt, aber ich bin davon überzeugt, dass das Klimakterium als weniger bedrohlich empfunden würde, wenn Frauen sich zeitlich nicht so stark an ihrer endenden Fruchtbarkeit orientieren müssen.

Gleichzeitig könnte man den Dialog um die Trennung von Weiblichkeit und Fruchtbarkeit vorantreiben. Der Selbstwert einer Frau hinge vielleicht gar nicht mehr so stark von ihrer biologischen Potenz, ihrer sexuellen Attraktivität und ihrer Mutterschaft ab, sondern von ihrem Selbstverständnis.

Übrigens: Mirna Funk möchte bei den ersten Anzeichen von klimakterischen Beschwerden jegliche Art von nicht-schädlichen Präparaten und Medikamenten einnehmen. Sie sieht überhaupt nicht ein, warum sie Unwohlsein aushalten sollte. Vor unserem Gespräch wusste sie wenig über die Menopause, außer, dass sie danach keine Kinder mehr bekommen kann. Jetzt hat sie gelernt, dass es Zeit ist, über bioidentische Hormone zu sprechen, wenn sie nicht mehr durchschlafen kann. Angst hat sie jedenfalls keine.

KAPITEL 7

Haare an den falschen Stellen

Der Mann in mir: vom Gängeln durch Fruchtbarkeitssymbole, zu viel Testosteron und der Intervention des Herrn Stein

Die Pinzette ist meine beste Freundin im Bad geworden. Damit zupfe ich die dicken, störrischen Haare aus, die mir neuerdings im Mundwinkel wachsen. Wenn man sie einzeln betrachtet, erinnern sie an kleine Borsten oder dünne Nadeln. Sie sind pechschwarz und wachsen, obwohl ich sie mitsamt Wurzel herausziehe, erstaunlich stoisch wieder nach. Das geht jetzt vermutlich die nächsten dreißig Jahre so weiter. Vielleicht ist es mir irgendwann egal, aber gerade müssen die Stoppeln weg, sonst mache ich in einem halben Jahr eventuell großen Oberlippenbartträgern wie Salvador Dalí oder Dschingis Khan Konkurrenz. Ich bin offen für gender-fluide Looks, aber für einen Damenbart bin ich noch nicht bereit. WTF?!

Überhaupt liegt die ganze Wohnung voller Haare, langer schwarzer Haare, als hätten wir ein Haustier. Mein Haaransatz ist weiter nach oben gerückt, an meinem Wirbel am Scheitel wachsen schneeweiße, trockene Haare nach. Solange sie noch keine zehn Zentimeter lang sind, stehen sie wie Antennen von meinem Kopf ab. Auch die zupfe ich aus. Sie wachsen ebenfalls penetrant nach, als wollten sie sagen: »Wir gewinnen! Du wirst alt und grau!«

Auch sonst verändert sich meine Haarfarbe. Vermutlich sieht es kaum einer außer mir, aber was einst tiefschwarz war, ist nun stumpfer, weniger glänzend, eher mattschwarz. Angeblich soll es normal sein, wenn man punktgenau hundert Haare am Tag verliert, alles darüber hinaus wird medizinisch als Haarausfall bezeichnet. Hm. Ich habe noch nicht nachgezählt.

Haarausfall gehört anscheinend zum Klimakterium wie schlechte Laune und Schweißausbrüche, Grund sind auch hier Hormonschwankungen und eine schlechtere Durchblutung. Entsprechend gibt es eine ganze Palette an Shampoos, die eigens für das dünner werdende Haar perimenopausaler Frauen entwickelt wurden. Sie »stärken« das Haar, machen es »dichter«, »vitalisieren« angeblich meine Kopfhaut. Ich bekomme von solchen Produkten zusätzlich zum Haarausfall noch Schuppen. Schlafe ich dann auf einem dunkelblauen Kissenbezug, ist dieser morgens nach dem Aufstehen von schwarzen Haaren und weißen Schüppchen überzogen. Also: lieber weiter das Kinderbioshampoo ohne Duftstoffe.

Haare symbolisieren in vielen Kulturen Fruchtbarkeit und Attraktivität. Gefangenen Frauen wurden in vielen Kulturen zur Strafe öffentlich die Köpfe geschoren, als Akt der Demütigung. In der Antike glaubte man, dass die Lebenskraft eines Menschen in dessen Haaren lag. Die Kraft des unbezwingbaren Simson lag laut Bibel in seinen Haaren, Soldaten des antiken Griechenlands schützten mit ihren Helmen nicht ihren Schädel, sondern ihre Haarpracht, in der sie ihre eigene Vitalität vermuteten. Amerikanische indigene Völker skalpierten ihre Feinde, denn auch sie glaubten an Lebenskraft in Kopfhaut und Haaren.

Die allgemeine menschliche Besessenheit von Haaren kommt also nicht aus dem hohlen Raum, denn volles, wallendes Haar wird mit Gesundheit und Gebärfähigkeit gleichgesetzt.

Frauen über vierzig wiederum scheinen generell Probleme mit ihren Haaren zu haben, denn viele schneiden sie radikal kurz. Eine Autorin des Magazins *Barbara* schrieb über dieses Phänomen 2019 auf der Website: Nachdem ihre Freundin sich einen »praktischen Kurzhaarschnitt« hatte schneiden lassen, konsultierte sie einen Experten: »Ab 40 tragen viele Frauen ihre Haare kürzer, weil für sie ein neuer Lebensabschnitt beginnt. Sie sind sozusagen runter vom Markt und wollen nicht mehr aufreizend wirken. Meistens sind sie verheiratet, haben Kinder und wünschen sich jetzt etwas Praktisches«, zitiert der Beitrag den Frisörmeister Philipp Zilse. »Gewagte These«, kommentiert die Autorin. Ob Herr Zilse auch ab vierzig »vom Markt runter« ist, lässt der Text offen.

Gut, dass die Skincare-Marke Nurture Replenish 2013 sogar eine Studie zum Thema in Auftrag gegeben hat, für die 2000 Frauen gefragt wurden, ab welchem Alter sie keine langen Haare mehr tragen sollten: Das Ergebnis: Ab 46. Vielleicht hätte man das Budget besser in die Erforschung klimakterischer Beschwerden investieren sollen. Mal einem Herren ab vierzig aufs Haupthaar geschaut? Oder eben aufs nicht mehr existente Haupthaar? Wenn jeder Mann, dessen Haar etwas lichter wird, »vom Markt« fallen würde …

Bedauerlicherweise scheint es ein weltweites Vorurteil zu sein, dass reifere Frauen kurze Haare tragen sollten. In Ostasien gibt es für Frauen ab Mitte 40 sogar eine einheitliche »Oma-Frisur«: Ein kurzer, ohrenlanger Bob aus kleinen Dauerwellen. Dazu tragen die Frauen große schwarze Sonnenvisiere, um ihre Haut zu schützen. Die Sonne ist der natürliche Beauty-Feind aller asiatischen Frauen. Sie macht braun (schickt sich nicht, nur Feldarbeiterinnen sind braun) und faltig, sprich alt (ach wirklich?).

Meine deutsche Oma trug ihr Haar übrigens lang, bis sie starb. Jeden Morgen kämmte sie sich ihre langen braunen Haare, dann wickelte und steckte sie daraus einen ordentlichen Knoten. Ich erinnere mich, dass er mit den Jahren etwas dünner und in ihren späten Siebzigern etwas grauer wurde. Ich weiß aber auch noch, wie schön ich ihre Haare fand und wie wenig ich verstanden habe, warum alle anderen Omas kurze Haare hatten. Meine Mutter sah das anders, sie fand die Frisur ihrer Mutter »altmodisch« und »unpraktisch«.

Beauty-Regeln für Frauen anhand ihres Alters aufzustellen halte ich für ganz großen Quatsch. Sollten mir Frisör*innen »altersgemäße« Frisurvorschläge machen, würde ich den

Salon wechseln. Der Mythos »Haare als Symbol der Fruchtbarkeit und Jugend« stammt aus vorindustriellen Zeiten. Aber Zeiten ändern sich und damit auch die Symbolik der Haare. Ist doch auch verrückt: Jungen Frauen wird eingeredet, sie sähen mit kurzen Haaren weniger feminin aus. Ältere Frauen hingegen sollten sich ihrer Mähne entledigen.

Ich erinnere mich ganz genau daran, wie ich mir zum ersten Mal die Zöpfe abschnitt – mit elf, in der sechsten Klasse. Schon damals reagierte mein Umfeld mit Trauer: Oh, deine schönen Haare. Später beklagten sich Provinzfriseure darüber, dass man »leider nichts mit diesen Haaren machen kann«, dass »meine Schere stumpf wird, wenn ich deine Haare damit schneide«. Immer wieder fragen Menschen, ob sie meine Haare mal anfassen dürften (oder machen es einfach), Kommentar inklusive: Boa, Pferdehaar!

Als ich mir mit sechzehn die Haare wasserstoffblond färbte, galt das noch als skandalös, ähnlich wie junge Frauen, die sich zu Beginn des 20. Jahrhunderts die Zöpfe abschnitten, oder Frauen mit radikalen Kurzhaarschnitten, die als »Lesben«, gleichbedeutend mit »nicht-erotisch-anziehend-für-Männer«, tituliert wurden. Bis heute fällt die Hälfte meines männlichen Bekanntenkreises in Ohnmacht, wenn ich mir die Haare kürzer als mein Kinn schneide; ein Bekannter verbot seiner achtjährigen Tochter sogar, ihre Haare kürzer als schulterlang zu tragen. Wirklich. Kein Katholik, nur ein Haarfetischist.

Nach all dem Gewese, das in den letzten vierundvierzig Jahren um meine verdammte Mähne gemacht wurde, dünnt sie jetzt aus, wird weiß und verlagert sich auf meine Oberlippe. Mein männlicher Anteil bahnt sich anscheinend seinen Weg. Scheint ein vielversprechender Typ zu sein – auf dem Kopf haarlos, mit Bartwuchs in den Mundwinkeln und richtig mieser Laune.

Dieser Herr Stein ist eine kuriose Person. Denn nicht nur ist er Bartträger, sondern auch deutlich resoluter als die freundliche, etwas schüchterne Frau Stein. Vielleicht war er es, der entschied, dass das heimische Sozialleben von meinem Mann (dem Partner-Mann) und mir nach über fünfzehn Jahren Beziehung nicht immer in trauter Zweisamkeit gepflegt werden muss. Herr Stein kann auch viel besser allein mit Freund*innen um die Häuser ziehen als Frau Stein, die lieber in Paarkonstellation unterwegs ist. Dieser Herr Stein kann jenen Partner auch mit einem fröhlichen »Viel Spaß!« in die Nacht ziehen lassen, während Frau Stein jahrelang ihren Selbstwert infrage stellte, wenn der Mann mal ein paar Stunden allein mit Freund*innen verbringen wollte. Herr Stein muss auch die Schwiegermutter auf Besuch nicht wochenlang versorgen, ihm reicht es, das über ein verlängertes Wochenende zu tun und für den Rest des familiären Besuchs ins Büro nach München abzuhauen. Er empfindet dies nicht einmal als Vernachlässigung seiner häuslichen Pflichten. Ganz anders Frau Stein: Die wäre gewissenhaft zu Hause geblieben, hätte dabei aber eine mächtig passiv-aggressive Gastgeberin abgegeben.

Verwirrt? Es kommt noch besser. Jetzt mache ich es wie diverse Menopausen-Autorinnen vor mir: Ich personalisiere meine Hormone. Herr Stein steht für Testosteronüberschuss und hat immer schon mit Frau Stein (Östrogen) und, sagen wir, Mama Stein (Progesteron) in Einklang gelebt. Jetzt, wo Frau Stein und Mama Stein sich zurückziehen, scheint er häufiger aufzutauchen. Leider neigt er zu Unzuverlässigkeit und Unberechenbarkeit. Es entbehrt nicht einer gewissen Komik, dass die Wut und Reizbarkeit, die Frauen im Klimakterium heimsuchen, auch mit ihrem inneren Kerl beziehungsweise ihrem Testosteron-Überschuss zusammenhängen.

Wie gesagt wird das Klimakterium häufig als eine zweite Pubertät bezeichnet. Die biologischen Mechanismen sind ähnlich: Das hormonelle Gleichgewicht gerät außer Kontrolle, der Körper verändert sich, und man erkennt sich selbst kaum wieder. Statt Körperbehaarung schenkt einem das Klimakterium Gesichtsbehaarung. Wie seltsam: Fruchtbarkeit macht sich durch Haare unter den Achseln und im Schambereich bemerkbar, Nicht-Fruchtbarkeit hingegen durch weiße Schamhaare und Damenbärte.

Haare gehören zu den emotionalsten Themen für Menschen, was übrigens gleichermaßen für Männer wie Frauen gilt. Männern gelingt es jedoch besser, ihren Verlust an Haaren durch Attitüde wettzumachen. Viele Freundinnen begleitet eine lebenslange latente Angst, sich die Haare abzuschneiden. Ob sich lange Haare im Alter noch »gehören«, sollte als Frage überhaupt nicht gestellt werden. Ich finde, jeder Mensch darf seine Haare so tragen, wie es sich für ihn oder sie gerade richtig anfühlt.

Wenn ich jetzt ein dickes schwarzes Haar auf meiner Oberlippe finde, greife ich immer noch zur Pinzette, doch ich danke dem Testosteron – und meinem inneren Herrn Stein – für meine neugewonnene Durchsetzungsfähigkeit und Wurstigkeit. Wenn der Preis dafür Barthaare sind, bitte sehr. Kann ich mit leben.

KAPITEL 8

Konzentrationsprobleme

Rückblick: eine kurze Geschichte des Klimakteriums

Am 9. Juli 2002 standen die Telefone von Ärzt*innen und Hormonspezialist*innen in den USA nicht mehr still. Die Anfragen von Patientinnen kamen so geballt, dass später einige Gynäkolog*innen der *New York Times* gestanden, ihre Telefone einfach ausgestöpselt zu haben. Dieser Moment ist die Stunde null der Klimakterium-Historie des 21. Jahrhunderts: Forscher*innen des Mount Zion Women's Health Research Center der University of San Francisco hatten kurz zuvor eine Studie veröffentlicht, derzufolge Hormonersatzbehandlungen gegen Beschwerden in den Wechseljahren Krankheiten wie Brustkrebs, Herzinfarkt, Schlaganfall und Blutgerinnsel begünstigten. Die als »Women's Health Initiative« in die Frauengesundheitsgeschichte eingegangene Studie gleicht auf einer imaginären Richterskala medizinischer Skandale mindestens einer Neun, mit weltweiten Erschütterungen. Sie ist eine Zäsur im modernen Diskurs über die Wechseljahre. Das Ergebnis: Eine seit dreißig Jahren bewährte Behandlung beschert den Patientinnen mehr Schaden als Nutzen. Dieser 9. Juli markierte nicht nur den Bruch mit der bis dahin gängigen Behandlung von Klimakterialbeschwerden, sondern auch das Ende einer beispiellosen Erfolgsgeschichte der modernen Pharmaindustrie mit Ursprung in den 1960er-Jahren.

1966 hatte der Gynäkologe Dr. Robert Wilson den Bestseller *Feminine Forever* veröffentlicht: Hier deklarierte er die Menopause als »Östrogenmangel-Krankheit«, die Frauen »lebend verfallen« ließe – in Deutschland erschien der Titel unter dem bezeichnenden Namen *Die vollkommene Frau.* Mithilfe von Östrogen-Therapien, der sogenannten »Hormon Replacement Therapy« (HRT), könne dieser Verfall abgewendet werden und Frauen blieben, wie der Titel suggeriert, »ewig feminin«. Wilson schlug sogar vor, dass Frauen präventiv mit der Behandlung anfangen sollten, um für Männer attraktiv zu bleiben: »Es ist nicht mehr wahr, dass die Sexualität von Frauen über vierzig schneller verkümmert als die ihres Mannes.« Frauen würden zu »Kastraten«, wenn sie die Behandlung ablehnten. Welche Frau über vierzig lässt sich schon gern als Kastratin bezeichnen? Der Gynäkologe gründete die Wilson Research Foundation und ging mit seiner Ehefrau Thelma in den ganzen USA auf ausgedehnte Lese- und Vortragsreisen. Sechs Millionen Frauen allein in den USA ließen sich behandeln, Dr. Wilson wurde ein vielbeschäftigter und sehr wohlhabender Mann. 1981 verstarb er als Retter der Frauen vor dem Austrocknen.

Als 2002 die Telefonleitungen heiß liefen, erklärte sein Sohn Ronald, dass der Pharma-Gigant Wyeth-Ayerst, der die synthetischen Hormone herstellte, sowohl das Buch *Feminine Forever* von Robert Wilson als auch die Wilson Research Foundation sowie ganze Vortragsreihen finanziert hat. Im Klartext: Zwei Generationen Frauen waren der Marketingstrategie eines Medikamenten-Herstellers auf den Leim gegangen. Dr. Wilson hatte jahrelang quasi unter einem medizinischen Vortragsdeckmantel Tupper-Partys für die Pharma-Industrie abgehalten, auf denen er Frauen erzählte, sie würden zu frigiden Mängelwesen, wenn sie keine Hormone nähmen. Natürlich griffen sie beherzt zu. Wer hätte das nicht getan?

Die Mär von der Menopause als Krankheit ist allerdings deutlich älter als Dr. Wilsons Hormonersatztherapie. Man erinnere sich: Der Begriff »Menopause« besteht aus den griechischen Wörtern *men* (Monat) und *pausis* (Ende) und bezeichnet das Ende der Menstruation. Die Menstruation und ihr Ende haben die Medizin schon in der Antike interessiert. Eine ganze Reihe wichtiger Männer haben ihren Senf dazugegeben:

- Aristoteles (384–322 v. Chr.) notierte, dass das Ende des weiblichen Zyklus mit etwa vierzig Jahren stattfand.
- Hippokrates (um 460–370 v. Chr.), griechischer Arzt und Lehrer, versuchte sich an einer ersten Theorie zu den physischen Leiden in dieser Phase: Die Ursache von Schwindel und Beklemmungen seien auf Bewegungen der Gebärmutter im Körper zurückzuführen. Dies könne auch Kopfschmerzen und Hysterie verursachen.

- Der Arzt Jacobus Primrose vermutete schon 1655, dass das nicht mehr abfließende Menstruationsblut zu einer Fülle von Krankheiten führen könne, darunter Beschwerden wie Melancholie, Herzrasen, Magen- und Kopfschmerzen, aber auch Epilepsie und Milzerkrankungen.
- Giovanni Marinello, venezianischer Arzt, konstatierte 1563: »Frauen, deren Periode endete, sind immer krank, am meisten in allen Körperteilen, die mit der Gebärmutter verbunden sind, wie der Magen und der Kopf.« Er notierte auch Symptome wie Blutspucken und bei Jüngeren »starkes Nasenbluten«.

Im Zuge des medizinischen Fortschritts im viktorianischen England führte der Arzt Edward Tilt ab 1850 die ersten ernst zu nehmenden Forschungen durch. Tilt beschreibt den Fall der 45-jährigen Mary, verheiratet und Mutter mehrerer Kinder, die mit Beschwerden wie Schlaflosigkeit, Hitzewallungen und depressiven Verstimmungen zu ihm kam. Er diagnostizierte ihr »suizidale Depression« aufgrund der *cessation* – der Menopause – und verschrieb seiner Patientin Natron, Belladonna und Morphium sowie Injektionen von Bleiacetat direkt in die Vagina.

1857 schließlich führte Tilt die erste Studie zur Menopause an 500 Frauen durch. Dabei kam er auf Folgendes: Schuld sei die besondere Empfindlichkeit der Ovarien vor dem Nachlassen ihrer spezifischen Funktionen. Die Ursache sah er in einem gestörten Zusammenspiel zwischen den Eierstöcken und den Eingeweiden, »mit denen es 30 Jahre harmonisch zusammengearbeitet hat … Ich gebe nicht vor, die Natur dieses störenden Einflusses zu kennen, aber ich nehme an, dass er demjenigen gleicht, der durch Aufnahme der Funktion durch das Ovar in der Pubertät manifest wird.«

Tilt bezeichnete die bereits von altgriechischen Ärzten überlieferte Hysterie als »Schlüssel« zu psychischen Störungen während der Menopause: Aus einem körperlichen Phänomen des Alterungsprozesses wurde somit eine Pathologie.

Viktorianische Gynäkologen glaubten an eine direkte Verbindung zwischen Gebärmutter und Gehirn. Deswegen rieten sie Frauen vom Studieren und Arbeiten ab, denn das Blut, das »zum Denken« notwendig sei, bliebe bei Frauen notwendigerweise im Unterleib. Das Ende der Periode könne somit nicht nur zu Depressionen, sondern zu Psychosen und Wahn führen. Frauen, die »Symptome« zeigten, wurden in Nervenheilanstalten eingewiesen. Als Gegenmittel wurden die Eierstöcke entfernt.

Eine neue Ära in der Beschreibung des Klimakteriums begann mit der Entdeckung des Hormonhaushalts, bezeichnenderweise beim Mann. 1775 hatte der französische Arzt Théophile de Bordeu im Hoden eine »spezifische Substanz« gefunden, die sich weiter durch das Kreislaufsystem bewegt. Er vermutete, ein Mangel dieser Substanz könne in Zukunft medikamentös ausgeglichen werden. Gegen Ende des 19. Jahrhunderts begann man, mit Ovarextrakten therapeutisch zu experimentieren, bis 1923 die US-amerikanischen Forscher Edgar Allen und E. A. Doisy zum ersten Mal ein Hormon aus dem Eierstock isolieren konnten. Die umfassende Anwendung der Hormontherapie zur Prophylaxe menopausaler Symptome wurde jedoch erst ab 1963 vom berühmten Dr. Robert Wilson durchgeführt.

1981 definierte die WHO den Begriff Menopause als den Zeitpunkt der letzten spontanen, durch einen Eisprung gesteuerten Monatsblutung. Diese medizinische Menopause ist erst ein Jahr später wirklich diagnostizierbar, denn erst nachdem zwölf Monate verstrichen sind, ist klar, dass die Wechseljahre vollzogen sind. Noch einmal: Die Menopause meint somit einen einzigen Tag im Leben einer Frau. Einen. Einzigen. Tag.

Die Zeit unmittelbar vor und nach der letzten Menstruation wird gelegentlich als »menopausale Übergangsphase« bezeichnet. Heute nennt man diese Jahre Perimenopause. Die meisten Beschwerden fallen in diese Zeit.

Erst nach Bekanntwerden des Skandals von Dr. Wilson und seiner Hormontherapie wurde eine Welle ernst zu nehmender Studien in Sachen Menopause angestoßen und finanziert. Ein Großteil des medizinischen Wissens, auf das wir uns heute in Sachen Klimakterium beziehen, stammt also aus den vergangenen knapp zwanzig Jahren. Im großen Kontext der Medizin- oder gar Menschheitsgeschichte liegt dieser Teil der Frauengesundheit noch in den Windeln. Die Beschwerden postmenopausaler Frauen sind übrigens noch schlechter erforscht als die von Frauen im Klimakterium. Erste Studien über den Zusammenhang von weiblichen Sexualhormonen und Depressionen werden durchgeführt, oder solche, die sich mit der Frage beschäftigen, wie Ernährungsgewohnheiten zwischen vierzig und fünfzig die Wahrscheinlichkeit für Frauen, an Altersdemenz und Alzheimer zu erkranken, beeinflussen. Egal, wie man zum biologischen Geschlecht steht: Ich halte es für wichtig, dass die Medizin den weiblichen Körper genauso gut verstehen lernt wie den männlichen. Frauen haben ein Recht darauf, die zweite Lebenshälfte in bestmöglicher Gesundheit zu erleben.

Eine Freundin lief ein Jahr lang mit einem 15 Zentimeter (!) großen Gewächs im Bauch herum. Mehrere Fachärzt*innen haben ein gynäkologisches Problem noch nicht einmal in Betracht gezogen – ein ganzes Jahr lang! Die Mutter einer anderen Freundin erkrankte zwei Mal an Brustkrebs, einmal mit Anfang vierzig und einmal mit Anfang siebzig. Nach der ersten OP sorgte sie sich um ihre Erscheinung, ihre Narbe. Der Arzt sagte ihr damals: »Seien Sie froh, dass Sie überhaupt noch leben!«

Der Arzt, der sie in ihren Siebzigern behandelte, verstand noch nicht einmal, warum die Dame sich nach einem rekonstruktiven Eingriff erkundigte: »Warum ist Ihnen das denn wichtig? In Ihrem Alter schaut Sie doch sowieso niemand mehr an.«

Als hätten postmenopausale Frauen jegliches Recht auf ein weibliches Körpergefühl verloren: Wer nicht mehr gebären kann, scheint in der medizinischen Prioritätenliste nach hinten zu rutschen.

Dass anhaltende Gesundheit der vielleicht größte Luxus der Gegenwart ist, verstehe ich heute besser als je zuvor. Meine Schulter schmerzt nach zwanzig Jahren des Dauertippens und -sitzens. Manchmal wache ich morgens auf, und das ganze Zimmer dreht sich so schnell um mich, dass ich mich nicht mal aufrichten kann. Egal, wie viel Vorsorge ich mittlerweile wahrnehmen kann, umgehen lassen sich die ersten Anzeichen einer langsamer werdenden Zellregeneration nicht. Muskeln verkürzen sich, wenn sie lange in Gebrauch sind, aber nicht gedehnt werden. Es melden sich Körperteile, die zuvor stillschweigend ihren Job gemacht haben – wie der Hüftbeuger, eine Muskelgruppe im Becken, der das jahrelange Sitzen nicht bekommt. Das schmerzt. Dehnübungen und Yoga werden somit immer weniger zur Wellness-Übung, sondern entwickeln sich zum Überlebenstraining geplagter mittelalter Schreibtischtäter*innen.

Altern ist ein biologischer Selbstzerstörungsmechanismus, ein vorprogrammierter Verfall der Zellregeneration. Durch Sport, Ernährung, Schlaf und Entspannung kann dieser Verfall hinausgezögert werden. Weltweit steigt die Lebenserwartung. Ein Grund für die Neuerzählung des Klimakteriums ist genau diese gestiegene Lebenserwartung: Wir leben gesünder als je zuvor und werden älter als je zuvor. Frauen in Deutschland haben aktuell eine Lebenserwartung von 83,5 Jahren. 1990 lag sie noch bei 75,2 Jahren. Im 19. Jahrhundert, zur Zeit der zentralen Forschung zum Klimakterium in der Neuzeit, lag sie bei gerade 38,4 Jahren. Damals endete das Leben einer Frau kurz nach der Menopause, heute liegt zu dem Zeitpunkt die Hälfte des Lebens noch vor ihr.

Der Kampf gegen Altern und Sterben dominiert die Tech-Branche, Milliardäre im Silicon Valley finden sich nicht mehr mit dem Tod ab. Erste Experimente mit kryptogenetischem Einfrieren laufen. Würden Frauen vor oder nach der Menopause eingefroren? Wie wären wir denn ewig lebend: Fruchtbar oder nicht-fruchtbar? Oder wäre das im Zeitalter von Social Freezing vollkommen gleichgültig?

Entsprechend muss das Narrativ, das aus den Wechseljahren ein Tabuthema gemacht hat, korrigiert werden. Vor allem müssen medizinische Forschung und medizinische Versorgung dringend Daten zu Wechseljahresbeschwerden sammeln (und nicht zum Alter, in dem Frauen ihre Haare abschneiden sollten!). Aktuell werden Frauenärzt*innen für Beratungsgespräche zu den Wechseljahren nicht bezahlt. Wechseljahre sind auch kein Pflichtfach für angehende Ärzt*innen im Grundstudium.

Und wir müssen über Testosteron sprechen, über die generelle genderspezifische Zuordnung von Hormonen. Letztendlich kommen in männlichen und weiblichen Körpern Östrogen und Testosteron vor, nur in unterschiedlichen Konzentrationen. In Körpern jeden Geschlechts sind beide Botenstoffe von immenser Wichtigkeit. Seit ich weiß, dass die Hormonschaukel mir Nachtschweiß, aber auch Zielstrebigkeit beschert, sehe ich das Klimakterium nicht mehr ausschließlich als Bürde, sondern eben auch als Chance. Die Stigmatisierung des Alterns in der westlichen Kultur ist schlimm genug. Eine alternde Frau ist nicht krank oder gar verrückt. Nicht die Frauen müssen sich ändern, sondern die Welt um sie herum.

KLEINES INTERMEZZO

Eine Liste Schimpfworte

Hier eine Auflistung historischer Schimpfnamen für gereizte Frauen. Im Mittelalter sollten diese Worte alte Frauen nicht nur herabwürdigen, sondern sie darüber hinaus auch isolieren. Jetzt lese ich in dem ein oder anderen Wort eine Verheißung von Freiheit.

- **Alte Schachtel**: ältere, vorzugsweise unverheiratete Frau
- **Alte Vettel** (lat.: *vetula,* altes Weib; nach *vetulus,* ältlich): alte Frau mit verdorbenem Charakter
- **Besen**: zänkische, streitlustige alte Frau
- **Bissgurrn** (bairisch für alte, bissige Stute): zänkische, tyrannische, alte Frau
- **Furie** (Erinnye): griechische Rachegöttin, wütendes, altes Weib
- **Fregatte:** älteres, korpulentes Weib
- **Kachel** (lat.: *kachela,* Kochgeschirr): alte Kachel, altes Weib
- **Hexe** (verdunkelte Zusammensetzung): alte Zauberin

- **Matrone** (lat.: *matrona,* Frau des Römischen Bürgers): ältere, füllige Frau
- **Schabracke** (Pferdedecke): abwertend für alte Frau
- **Scharteke** (altes, wertloses Buch): altes, wertloses Weib
- **Schreckschraube** (lat.: *scrofa,* Schraube): weibliche Person, die aufgrund ihres Äußeren, ihres Verhaltens und Wesens als schrecklich wahrgenommen wird
- **Schrulle** (niederdeutsch *schrol:* Groll, verrückt): ältere Frau mit abseits der Norm liegender Persönlichkeit und Charaktereigenschaft
- **Spinatwachtel** (süddeutsch *spinnert:* verrückt): hageres, »spinnertes« altes Weib

TEIL II

AUFBRUCH

Meine Seele im Aufwind: Klimakterium als Coming-of-Middle-Age-Story

KAPITEL 9

Innere Unruhe

Auch Asiatinnen altern: von Klischees, Memes und harten Fakten

»Meine Güte, du hast aber auch ein Glück mit deinen Genen«, stellt eine Kollegin anerkennend fest, »ihr Asiaten altert wohl gar nicht!«

Ich lächele.

Ich hätte ihr sagen können, dass ich seit drei Monaten keinen Zucker gegessen habe, nie vor zwölf und selten nach zwanzig Uhr etwas esse, literweise Wasser und Kräutertees trinke, peinliches Pilates vor dem Computer mache, selbst in den fünften Stock die Treppe nehme und mein Bad aussieht wie die Pflegeabteilung einer Douglas-Filiale. Aber all das sage ich nicht. Auch nicht, dass es natürlich auch ziemlich viele übergewichtige Menschen in Asien gibt, vor allem, nachdem westliches Essen und westliche Lebensweisen dort Einzug gehalten haben. Stattdessen antworte ich:

»Stimmt. Da habe ich echt Glück gehabt.«

Und lächele weiter, als hätte ich nicht mehr alle Tassen im Schrank. Ewig lächelndes Asien, ein noch schöneres Klischee als die ewig dünnen asiatischen Menschen. Dann ertappe ich mich bei dem Gedanken: Ach, wenn's doch nur so wäre. Wenn ich doch, genetisch gesehen, immer dünn und jung bliebe. Blöderweise setzen auch asiatisch-stämmige Frauen mit sinkendem Östrogenspiegel mehr Fett an, auch asiatisches Haar ergraut, auch unsere Haut wird schlechter durchblutet und dadurch weniger glatt und prall. Der Alterungsprozess setzt bei uns genauso gnadenlos ein wie bei westlichen Menschen, vielleicht etwas später, je nach individuell genetischer Veranlagung und Lebenswandel. Aber, noch mal zusammengefasst: Es gibt für asiatische Menschen keinen generellen genetischen Jungbrunnen. Leider befindet sich die Kollegin mit ihrer Annahme, dass Asiatinnen anders, gar nicht oder eines denkwürdigen Tages über Nacht altern, in bester Gesellschaft.

Ein ziemlich fieses Meme kursiert im Internet: Hier sieht man eine Illustration einer asiatischen Frau in ihren Zwanzigern, Dreißigern und Vierzigern, die – abgesehen von mal offenen und mal hochgesteckten langen Haaren – in körperbetonten Klamotten immer gleich aussieht. Gleich schlank, ewig jugendlich, mit einem unterwürfigen, liebevollen Gesichtsausdruck. Das letzte Bild zeigt diese Frau nun in der »Menopause«: als aufgequollene, dauergewellte ältere Frau im roten Trainingsanzug. Zumindest hat sie nun einen anderen Ausdruck im Gesicht: *Mir ist alles total Schnuppe!*

Glaubt man diesem Meme, sind asiatische Frauen bis zur Menopause hübsche Püppchen mit schmalen Taillen. Nicht einmal eine Schwangerschaft kann die mädchenhafte Figur verderben. Mit und nach der Menopause verwandelt sich dieses fernöstliche Haushaltspüppchen in einen gigantischen, ordentlich gereizten Oma-Frosch.

Seit ein paar Monaten suche ich überall, im Straßenbild und in Filmen, Serien und Büchern nach asiatischen Frauen über fünfzig. Wie sehen sie aus? Wie benehmen sie sich? Wie kleiden sie sich? Freundinnen erzählen mir vom Alterungsprozess ihrer Mütter und Großmütter, wie sie ihnen mit fortschreitendem Alter immer ähnlicher werden (oder aber sich immer stärker von ihnen unterscheiden). Leider konnten meine Mutter und Oma mir nicht vorleben, wie ich als asiatische Frau altern könnte. Ich habe kein Bild im Kopf.

»Das macht doch gar keinen Unterschied«, ruft eine Freundin entsetzt. Doch, macht es.

Ist es ein Vorteil beim Älterwerden, dass das Äußere und das Innere bei mir noch nie eine Einheit bildeten: von außen asiatisch, von innen deutsch? Ich frage mich, warum mir eigentlich Außenwirkung so wichtig ist. Vielleicht, weil sich ein Gedanke bei mir festgesetzt hat: Wenn ich schon nicht dem westlichen Schönheitsideal entsprechen kann, dann doch zumindest dem asiatischen: dünn, niedlich und jung. Solange ich so aussehe, habe ich zumindest die Chance, hierzulande akzeptiert zu werden. Wie würde man mich als dicke, mittelalte Asiatin sehen? Fühlt sich an wie ein Witz: Kommt 'ne dicke Asiatin mit Hörgeräten, Brille und FFP2-Maske zum Frauenarzt. Sie: »Doktor, mir ist immer so heiß ...«

Ist natürlich Humbug. Meine Anatomie, dick oder dünn, unterscheidet sich nicht von der jener Frauen, die hier als Kinder deutscher Eltern geboren sind. Frauen auf der ganzen Welt erleben Wechseljahre und Menopause. In Ländern mit weniger gutem Zugang zu medizinischer Versorgung haben Patientinnen allerdings noch nicht einmal die Chance, von ihren Ärzt*innen nicht ernst genommen zu werden: Sie können schlichtweg keine medizinische Hilfe in Anspruch nehmen.

Die Anthropologin Margaret Lock hat in ihrem Buch *Encounters with Aging* über »Konenki«, die Menopause in Japan, geschrieben. Auch ihre These ist, dass der Wechseljahresdiskurs aus zwei Elementen besteht, nämlich aus dem biologischen und dem kulturellen Narrativ. Sie zitiert einen Internisten aus Kyoto aus dem Jahr 1983: »Konenki (Menopause) ist heutzutage schwieriger, weil japanische Menschen Kleinfamilien einfach nicht gewohnt sind. Im Großfamilienverbund hatten Frauen keine Probleme an diesem Punkt des zyklischen Lebens.« (Übers. M.S.) Lock resümiert, dass Frauen in Japan »Konenki« als weniger belastend empfinden, weniger Symptome spüren und postmenopausal weniger häufig an Brustkrebs erkranken. Ersteres wird auf den Status von alten Menschen in Japan zurückgeführt – Alter wird dort mit Weisheit gleichgesetzt. Letzteres sei in der Ernährung begründet – durch den Konsum von Sojaprodukten soll der Östrogen-Abfall abgefedert werden. Margaret Lock empfiehlt *local biologies,* die die »unterschiedlichen sozialen und physischen Voraussetzungen für Frauenleben von einer Gesellschaft zur anderen« mit in die Betrachtung des Klimakteriums einbeziehen.

Eine Studie der Charité aus dem Jahr 2006 beschäftigte sich genau mit dieser Frage – ob Frauen mit unterschiedlichen Migrationshintergründen das Klimakterium unterschiedlich erleben: Die Autor*innen wollten »den Einfluss von Migration und Kultur auf das Erleben der Wechseljahre bei 45- bis 60-jährigen einheimischen deutschen Frauen sowie Migrantinnen aus der Türkei und aus asiatischen Ländern« untersuchen.

Laut dieser Erhebung zählen die Top-Symptome der Menopause Rating Scale – Reizbarkeit, Hitzewallungen, Schlafstörungen und Erschöpfung – tatsächlich zu den häufigsten Beschwerden. Interessant ist, dass »die türkischstämmigen Frauen deutlich häufiger starke Beschwerden als die deutschen und asiatischen Frauen benennen.« Stimmt es also doch? Altern asiatische Frauen tatsächlich »besser«? Trifft das auch auf mich zu?

In der Corona-Krise wurde erstmals großflächig über Rassismus in der Medizin und der medizinischen Versorgung gesprochen. Laut der US-amerikanischen Seuchenbehörde CDC erkranken Menschen mit lateinamerikanischen und afroamerikanischen Wurzeln häufiger als ihre Mitbürger*innen mit schwerem Verlauf an COVID-19. Ähnliches gilt fürs Klimakterium: Afroamerikanische Frauen leiden beispielsweise häufiger und früher unter Perimenopausalbeschwerden, haben aber einen schlechteren Zugang zu Behandlungsmöglichkeiten als weiße und asiatische Frauen.

Gründe für die Unterschiede lägen einerseits im Sozioökonomischen, andererseits im Stresslevel – Dauerstress begünstigt Beschwerden.

Anja Scherret hat vielleicht recht: *Relax, baby* ist eventuell die beste Attitüde – wenn man sich denn Entspannung leisten kann. Afroamerikanische und lateinamerikanische Frauen leben statistisch gesehen öfter in prekären Lebensumständen – da bleibt wenig Budget für Waldbäder in der Haushaltskasse.

Ich verabrede mich mit Prof. Dr. Theda Borde, einer Autorin der Charité-Studie. Borde hat ursprünglich Politologie studiert. Migration gehörte immer schon zu ihren Schwerpunktthemen bereits ihre Diplomarbeit verfasste sie über Werte und Veränderungen durch Migration. Nach dem Studium hat Dr. Borde in verschiedenen Beratungsstellen für Immigrantinnen gearbeitet, in dieser Zeit hat sie Türkisch gelernt: »Damals kamen viele Arbeiterinnen im mittleren Alter von Siemens oder Osram. Sie waren gesundheitlich stärker belastet, als eigentlich für ihre Altersgruppe üblich. Ich habe sie beraten und zu Ärztinnen begleitet.«

Borde entschloss sich, ein Aufbaustudium in Public Health anzuschließen, und kam so zu ihrer bis heute andauernden Zusammenarbeit mit Prof. Dr. Matthias David, Oberarzt an der Frauenklinik am Charité-Standort Virchow. Gemeinsam haben Borde und David die Studie verfasst. Sie erzählt: »Internationale und transkulturelle Studien zeigen, dass das Erleben der Wechseljahre durch biologische, soziodemografische und psychosoziale Faktoren, aber auch durch die Ethnizität der Frauen und den soziokulturellen Kontext beeinflusst wird.«

Will heißen: Die Höhe meines Haushaltsbudgets, meine psychische Gesundheit und meine Kultur spielen in meine Wahrnehmung von schlaflosen Nächten hinein. Wenn meine

Mutter, meine Ärztin, meine Freundinnen und meine Chefin mir helfen, das Klimakterium zu verstehen, werde ich anders reagieren und diese Beschwerden anders einordnen können als Menschen, die keine Mutter, keine Ärztin, wenige Freundinnen und keine Arbeit haben.

Heute arbeitet Theda Borde als Professorin für Sozialmedizin an der Alice Salomon Hochschule für Sozialpädagogik in Berlin, hier bildet sie Sozialarbeiter*innen und Sozialpädagog*innen aus.

Mich interessiert, wie die Studie überhaupt zustande kam.

»Da Migrantinnen unter den Frauen im mittleren Lebensalter in Deutschland einen großen Anteil ausmachen, gingen wir unter anderem der Frage nach, ob Wechseljahresbeschwerden bei Frauen universell sind, oder ob Migration und Ethnizität einen Einfluss auf das Erleben der Wechseljahre haben«, erzählt Borde.

»Gab es Ausgangsmaterial?«

»Relativ wenig. Es gab ein paar Studien dazu, dass die Wechseljahre bei asiatischen Frauen anders und weniger schlimm verliefen. Als Grund dafür hat man vermutet, dass asiatische Frauen mehr Sojaprodukte zu sich nehmen und dass Soja eine östrogenfördernde Wirkung hat. Das haben wir bei unserer Stichprobe nicht bestätigen können. Deswegen haben wir nicht nur Immigrantinnen aus der Türkei, sondern auch aus asiatischen Ländern in unsere Studie geholt. Wir haben sogar mit einem Partner in China kooperiert, der mit unserem Fragebogen gearbeitet hat.«

»Wie sind Sie vorgegangen?«

»Die Studie konzentrierte sich auf den Vergleich von in

Berlin lebenden fünfundvierzig- bis sechzigjährigen einheimischen deutschen Frauen mit aus der Türkei immigrierten Frauen sowie Immigrantinnen aus Japan, China und Korea.«

»Was haben Sie herausgefunden?«

»Deutsche Mittelschichtsfrauen waren gut informiert, waren sich auch möglicher Risiken der Hormonersatztherapie bewusst. Die Immigrantinnen aus der Türkei hingegen hatten bei allen Beschwerdetypen deutlich höhere Werte auf der Menopause Rating Scale als die deutschen und asiatischen Frauen. Interessanterweise waren diese Werte auch bei Frauen, die in Istanbul lebten, sehr hoch.«

»Studien werden mit Fragebögen durchgeführt. Wie verlässlich ist diese Methode eigentlich?«

»Wir haben nicht nur mit Fragebögen gearbeitet, sondern auch Interviews mit hundertzwanzig Frauen geführt und haben festgestellt, dass die Frauen häufig an eigentlich anderen Problemen litten, die dann aber als klimakterische Beschwerden interpretiert wurden.«

»Was genau für Probleme waren das?«

»Soziale Problemlagen, Einsamkeitsfragen, man kennt beispielsweise das ›Empty Nest Syndrom‹, das sich beim Weggang von Kindern aus dem Elternhaus einstellt. Gerade bei den Immigrantinnen der ersten Generation von Gastarbeiterinnen hat sich der Lebensentwurf oft nicht so erfüllt, wie er sollte.«

»Ist das nicht auch ein bisschen nachlässig von den behandelnden Ärzt*innen, beispielsweise depressive Verstimmungen als Menopause zu diagnostizieren und mit synthetischen Hormonen zu behandeln?«

»Dazu muss man die Versorgungs- und Beratungssituation

insgesamt anschauen, in diesem Fall bei Frauenärzt*innen. Da sind nur wenige Minuten pro Patientin eingeplant, Beratungen und Behandlungen in den Wechseljahre können nur gegen kleine Summen abgerechnet werden. Wenn dann noch geringe Deutschkenntnisse seitens der Patientin dazukommen, wird schnell mit einem Medikament geantwortet.«

Patientinnen, so Borde weiter, wurden einerseits mit synthetischen Hormonen behandelt, um sie in ihren Beschwerden ernst zu nehmen, andererseits aber auch, um sie ruhigzustellen. Borde selbst hingegen erzählt, dass sie mit den Frauen in ihrer Studie sehr intensiv ins Gespräch gekommen ist. »Gerade die türkischen und kurdischen Frauen haben sehr offen gesprochen«, erinnert sich die Wissenschaftlerin. »Wir haben Fragen zur Sexualität gestellt, und auch hier war ein Thema, dass sich viele Frauen durch das Klimakterium nicht mehr als Frau gefühlt haben.«

Laut Theda Borde verloren die Frauen im Klimakterium häufig ihr Selbstbild: »Viele Frauen haben als Mütter von vielen Kindern gearbeitet und sich stark darüber identifiziert. Bei anderen gab es eine Abhängigkeit von Söhnen und Ehemännern. Wir stellten auch andere persönliche Fragen. Zum Beispiel: Wie haben Sie die Wechseljahre Ihrer Mutter erlebt?«

»Diese Frage könnte ich nicht beantworten, da meine Adoptivmutter verstorben und meine biologische Mutter unauffindbar ist«, antworte ich. »Was haben Sie herausbekommen?«

»Viele Frauen waren in dieser Zeit gar nicht bei ihren Müttern, sondern als Immigrantinnen in Deutschland. Es gab diese ganze Kommunikation gar nicht. Diese Frauen haben ihre Mütter vielleicht einmal im Jahr gesehen. Sie konnten nicht wie heute per WhatsApp täglich über irgendwelche Alltagsbeschwerden sprechen. Hier hat die Migration auch noch eine Rolle gespielt.«

»Darf ich fragen, ob Ihre Mutter mit Ihnen über die Wechseljahre gesprochen hat?«

»Überhaupt nicht. Das Thema war stark tabuisiert. Ich persönlich war, während ich an der Studie gearbeitet habe, gerade in den Wechseljahren. Das hat mich dort eingeholt. Als ich das Projekt gestartet hatte, war's noch nicht so weit.«

»Hat sich Ihr eigenes Klimakterium auf Ihre Arbeit ausgewirkt?«

»Ich hatte eigentlich keine Beschwerden, aber als ich die Interviews gelesen habe und all das, was die Frauen geschildert hatten, kriegte ich auch plötzlich Beschwerden. Das war eine hochinteressante Sache! Man kann sich auch konditionieren in Bezug auf Beschwerden.«

»Welche Beschwerden hatten Sie?«

»Ich war sehr beschäftigt, es heißt, berufstätige Frauen erleben weniger Beschwerden. Ich habe wenig wahrgenommen. Manchmal Nachtschweiß und Kribbeln unter den Füßen. Erst in dem Moment, in dem ich die Beschwerden der anderen gelesen habe, habe ich gedacht: Kribbeln unter den Füßen kommt daher.«

Dr. Borde lacht, ich auch. Kribbeln in den Füßen hatte ich noch nicht. Dann fällt mir der Oma-Frosch aus dem Meme wieder ein.

»Darf ich noch mal ganz konkret nach den asiatischen Frauen fragen? Ich versuche im Augenblick herauszufinden, wie Koreanerinnen das Klimakterium erleben.«

»Die asiatischen Frauen hatten auf der Menopause Rating Scale sehr niedrige Werte. Bei den deutschen Frauen gab es Beschwerden, aber bei den asiatischen war die Ausprägung viel geringer. Es war sehr interessant, was wir in den Interviews erfahren haben: Es wurde deutlich, dass das Thema bei den asiatischen Frauen sehr stark tabuisiert ist. So stark, dass sie sich weniger als Frauen fühlen, dass die Unfruchtbarkeit als Makel empfunden wurde.«

Die Schamhaftigkeit, mit der das Ende der Fruchtbarkeit vor allem auch in asiatischen Gesellschaften behaftet ist, scheint also Grund dafür zu sein, dass wir Asiatinnen angeblich »besser« altern. Dazu Theda Borde: »Ich habe in einem Interview mit einer Chinesin herausgefunden: Klar hat sie diese Beschwerden auch, aber sie spricht nicht darüber. Wenn man die Information der Frauen verbessern will, dann muss man erst mal diese Tabus lüften.«

Theda Borde blickt heute auf einen neuen Typ Frau in den Wechseljahren, Frauen, die besser informiert sind und bewusster mit ihrem Körper umgehen:

»Es werden andere Fragen gestellt: Welche Bedeutung hat der Körper, wie viel Zeit kann ich dem widmen? Wie viel kann ich davon hören und wahrnehmen? Muss mein Körper funktionieren und mitmachen, damit ich meinen Job machen kann? Es ist wichtig, dass man über diese Themen spricht. Ich hatte eine Frau dabei, die sagte: Der Vulkan ist erloschen. Das fand ich schön, die weibliche Fruchtbarkeit als Vulkan zu bezeichnen. Das heißt auf der anderen Seite auch, dass eine Ruhe eingetreten ist. Das kann man sehr positiv bewerten.«

Die Studie von Matthias David und Theda Borde wird bis heute in allen Forschungen zitiert, die sich mit Frauen, Ethnie und Wechseljahren beschäftigen. Ich halte es für notwendig, kulturelle Einflüsse zu berücksichtigen und natürlich die Versorgungsgerechtigkeit zu garantieren. Anscheinend gibt es in diversen Kulturen eine Identitätskrise fürs Frausein während und nach der Menopause. Offensichtlich haben patriarchale Gesellschaftsstrukturen die Menopause auch in anderen Teilen der Welt zum Tabuthema gemacht. Basierend auf den Forschungsergebnissen von Theda Borde hilft auch hier Dialog und Entmystifizierung. Ich würde sagen, mein Vulkan dampft noch.

KAPITEL 10

Falten und Pickel

Natürliche Schönheit kommt von innen: Gesichtsrose, plastische Chirurgie und Frankensteins Braut

Rosazea. Hatte ich noch nie gehört. Kannte ich nicht. Bis mein Gesicht aufblühte. Sprichwörtlich.

Meine Haut wird zum Ende des Winters so trocken, dass sich kleine Ekzeme auf der rechten Wange bilden – das passiert mir seit ein paar Jahren. Aber Eiterpusteln, Knötchen und starke Rötungen im Gesicht hatte ich in meinen über vierzig Lebensjahren noch nicht erlebt. Ich muss gestehen, dass ich in Hautdingen ziemlich verwöhnt war. Ich hatte nie irgendwas, keine Pickel, gar nichts. Selbst Falten halten sich in Grenzen, erfreulicherweise, zu schätzen weiß ich das alles allerdings erst jetzt. Denn mein Körper scheint sich etwas ganz Besonderes fürs mittlere Alter ausgedacht zu haben: Rosazea, eine chronische, nicht ansteckende Entzündung der Gesichtshaut.

Plötzlich sehe ich aus wie in der Pubertät. Nicht nur an der Wange, sondern auch am Kinn, an der Nase und an der Bindehaut blüht meine Haut in Rot und Eiterbeige.

Obwohl ich mit Fettpolstern am Bauch oder sprödem Haar hadere, kann ich viel wegstecken, aber Eiterpusteln mit Mitte vierzig kommen mir etwas übertrieben vor. Ein Hautarzt bestätigt: Rosazea, keine Akne, aber was genau einen plötzlichen Schub auslöst, weiß er auch nicht.

»Kann es an hormonellen Veränderungen liegen?«, frage ich.

»Hm, das habe ich noch nie gehört«, antwortet er. »Glaube ich nicht.«

Er verschreibt mir drei unterschiedliche Antibiotika, zwei zum Einnehmen und eines als Creme. Die Anwendung dauert drei Monate. Nach drei Wochen scheint sich die Rosazea nicht mehr weiter auszubreiten, nach sechs Wochen wird es besser, nach drei Monaten scheint meine Haut wieder gesund.

Im nächsten Winter erblüht mein Gesicht aufs Neue. Grrr. Schon wieder Pusteln und Eiterbeulen. Ich beschäftige mich wieder mit Rosazea und finde heraus, dass folgende Einflüsse einen Schub triggern können:

- UV-Strahlung
- Alkohol
- Kälte & Hitze
- Scharfe Speisen
- Ungeeignete Hautpflege & Kosmetik
- Stress, Aufregung & besondere emotionale Situationen
- Sport & körperliche Anstrengungen
- Demodex-Milben

Bestimmte Dinge wiederholen sich: Alkohol und Stress scheinen dem Körper wirklich zuzusetzen. In meiner Verzweiflung google ich »OPs« und »Rosazea« – wenn man Falten wegmachen lassen kann, müsste man doch auch Pusteln entfernen können … Kann man auch. Mit einem CO_2-Laser; dazu müsste es aber noch schlimmer werden als bei mir. Bezahlen muss man die Laser-Behandlung auch selbst.

Hautprobleme, so lese ich, lassen sich auch mit Ernährungsumstellungen behandeln. Ich entschließe mich, es mit antientzündlicher Kost zu versuchen. Ich streiche Industriezucker, Milchzucker, rotes Fleisch und Brot von meinem Speiseplan und esse stattdessen mehr Obst, Gemüse, Fisch, Olivenöl und Hülsenfrüchte. Als es Sommer wird, ernähre ich mich tagelang nur von Gazpacho. Ich habe das Gefühl, dass ich wöchentlich einen Liter Olivenöl vernichte. Vielleicht ist es wichtig, hierzu Folgendes anzumerken: Ich war wirklich verzweifelt, als ich anfing, radikal auf Zucker zu verzichten. Tatsächlich ist das alles nach ein paar Tagen Gewöhnung gar nicht mehr so schlimm, vor allem, weil die Ernährungsumstellung – zumindest bei mir – sofort anschlägt: Die verdammte Rosazea lässt nach und verschwindet irgendwann ganz.

Nach Jahren der Arbeit bei einem Frauenmagazin stelle also auch ich fest, dass Zucker mir nicht guttut (ach wirklich). Ehrlich gesagt war ich mir nie ganz sicher, inwiefern die Warnungen vor Zucker zwar gerechtfertigt sind, aber Frauen gegenüber eben auch als Druckmittel eingesetzt werden. Zum einen werden Frauen gerne lächelnd mit Törtchen in der Hand abgebildet, zum anderen wird besagtes Törtchen zu

Gift erklärt – ein schönes Bild für verinnerlichtes Schlechtmachen und unüberwindbare Widersprüche.

Auch Essen ist eine Frage der Erzählweise: Bridget Jones, Schutzheilige aller imperfekten Frauen, hat Schokolade zum Frühstück gegessen. Denn Zucker spendet Trost. Wer will schon darauf verzichten?

Ich zum Beispiel. Basierend auf meinem dreiwöchigen Selbstversuch stelle ich nämlich fest, dass es mir ohne die künstliche Süße deutlich besser geht. Kaum habe ich drei Wochen lang Zucker weggelassen, ist mein Gesicht frei von jeglichem Ausschlag. Nicht nur das: Stimmungsschwankungen lösen sich auf, Angespanntheit lässt nach, ich nehme ab. Im Sommer verschwinden die letzten Hautunreinheiten am Kinn, hier und da gibt es kleine Pusteln an der Nase, die aber über Nacht wieder verschwinden.

Eine Bekannte empfiehlt mir Eigenblut-Behandlungen – eine sogenannte PRP, bei der aus meinem Blut Plasma gewonnen und direkt wieder per Mikroinjektion in die Haut gespritzt wird. Der körpereigene Selbstheilungsprozess, also die Zellerneuerung, soll so stimuliert werden. Ich bleibe lieber bei meiner überwiegend vegetarischen und zuckerarmen Ernährung.

Eine andere Freundin probiert Botox, damit die Hautalterung ein paar Jahre »aufgeschoben wird«. Plastische Chirurgie gleicht immer noch einem gesellschaftlichen Elefanten im Raum: Sie scheint bei vielen Menschen über fünfzig durchaus ein Thema zu sein, so richtig offen darüber sprechen möchten hingegen nicht so viele. Für einige wenige werden Eingriffe zum Empowerment (»Du fühlst dich so viel besser hinterher!«), doch für die meisten Menschen scheinen derartige Interventionen – Botox, Fäden, Nasenkorrekturen, Fettabsaugungen, Straffungen – immer noch in die Kategorie Selbstoptimierungswahn zu fallen. Menschen mit erkennbar veränderten Gesichtern – Frauen wie Männer – lösen hierzulande verständnisloses Kopfschütteln aus. Ich schiebe das zumindest teilweise auch auf ein Kulturverständnis: Pure, natürliche Schönheit gilt, zumindest in meiner Generation, immer noch als Goldstandard. Selbst zu viel Lippenstift wird als künstlich wahrgenommen, mal ganz zu schweigen von dicker, sichtbarer Grundierung oder, Hilfe!, falschen Wimpern. Zu viel »Künstliches« wird schnell als billig abgetan.

Dass Schönheit auch ganz anders definiert werden kann, beweist ein Blick in mein Geburtsland: Südkorea ist das Mekka der Schönheits-OPs, Seoul die Hauptstadt der beinah bizarr gut aussehenden Menschen. Wer dort etwas werden will, muss attraktiv sein. Nirgendwo auf der Welt werden pro Kopf mehr plastisch-chirurgische Eingriffe durchgeführt als in Seoul. Im vornehmen Stadtteil Gangnam, wo die meisten Kliniken angesiedelt sind, gehören Menschen mit Bandagen im Gesicht zum Straßenbild – eventuelle Bedenken sind rein finanzieller, nicht aber moralischer Natur. Somit wächst natürlich der Druck auf Einheimische, die nichts »machen lassen«. Mir rät man dort dringend, meine Haut zu bleichen, ich sei einfach viel zu braun. Jemand, der glaubt, der Westen allein sei dem Schönheitswahn verfallen, war offenkundig noch nie in Südkorea. Und ja: Die hohen Ansprüche, jung und perfekt auszusehen, gelten für Frauen und Männer gleichermaßen.

Es gibt ein koreanisches Sprichwort: Ein schöner Reiskuchen ist angenehmer zu essen. Ästhetik spielt traditionell eine große Rolle in ostasiatischen Kulturen. In Designfragen kommt das hierzulande gut an, das Streben nach Schönheit mithilfe chirurgischer Eingriffe weniger. In Deutschland steht Funktionalität über Design, in Ostasien ist das Aussehen ebenso wichtig. Andererseits ist dort Alter noch immer gleichbedeutend mit Erfahrung und Weisheit. Wie soll das zusammengehen?

Es geht zusammen, ob man's glaubt oder nicht. Zum Beispiel auf YouTube. Die 74-jährige Schauspielerin Youn Yuh-Jung, die für den amerikanischen Film *Minari* 2021 den Oscar für die beste Nebenrolle gewonnen hat, ist mittlerweile Spokesperson für Südkoreas größte Bierbrauerei. »Die Welt muss deutlich besser geworden sein, wenn eine Frau wie ich in einem Bier-Werbespot mitmachen kann«, kommentierte sie ihr Engagement.

Oder die 66-jährige Fashion-Bloggerin Jang Myung-Sook, in den frühen 70er-Jahren die erste koreanische Modestudentin in Mailand, die als »Milanonna« Einblicke in ihren Alltag, ihre Mahlzeiten und Sportroutinen gibt und von Modetrends erzählt. Sie hat auf YouTube mehr als 900 000 Abonnent*innen, über drei Millionen Zuschauer*innen wollten ihren Ausflug in Seoul mit ihrem Sohn verfolgen, und knapp fünf Millionen sahen zu, als sie einer jungen Frau, die nur wenig Geld zur Verfügung hatte, bei Zara ein Outfit verpasste, das aussieht, als käme es von einem italienischen Luxus-Label.

Park Makrye hat über 1,3 Millionen Abonnent*innen und ist als »Korea Grandma« schon fast ein Popstar. In ihrer klitzekleinen Wohnung kocht sie für ihre Enkelin, schaut koreanische Soaps und isst Nudeln aus der flachen Hand. Es gibt anscheinend eine Sehnsucht junger Koreaner*innen nach Rat von älteren Frauen.

Die asiatisch-amerikanische Schauspielerin Nora Lum, besser bekannt als Awkwafina, ist Jahrgang 1988 und bezeichnet ihre Oma als ihre beste Freundin. Ich verstehe das gut, es handelt sich um simples Role-Model-Denken: Je mehr auf welche Art auch immer »würdevoll« gealterte Frauen sichtbar werden, desto normaler wird der Umgang mit dem eigenen Alterungsprozess. Wie genau dieser Prozess für den einzelnen Menschen aussieht, ist vermutlich so individuell wie das Klimakterium selbst. Wer kann schon vorhersagen, was die eigenen Bedürfnisse in zehn, fünfzehn Jahren sein werden?

Die Schriftstellerin Mirna Funk sagte im Interview zu mir:

»Ich werde gar nicht wie eine klassische Sechzigjährige aussehen. Ich werde aussehen wie fünfundvierzig, weil ich geliftet sein werde. Ich mache seit fünf Jahren Better-aging-Behandlungen: Ich habe Fäden, ich habe Filler, bin gebotoxt. Das Gute ist, je früher man anfängt, desto weniger muss man später machen lassen. Ich sehe nicht ›gemacht‹ aus, aber mein Gesicht ist hergestellt. Das wird auch so weitergehen.«

»Hm, plastische Chirurgie, um das Altern zu überdecken, gilt auch immer noch als Reizthema. Ältere Frauen gelten nicht mehr als attraktiv. Sich dagegen mit Eingriffen zu wehren gilt trotzdem schnell als verzweifelt.«

»Ich verstehe das gar nicht: Warum muss ich denn so aussehen? Ich fahre auch Auto und nicht Tretroller. Für mich hat das alles was mit Evolution zu tun. Wir sind Mängelwesen.

Der Mensch als solcher funktioniert nur, weil er innovativ ist: Wir haben das Feuer erfunden, wir haben Geräte erfunden, wir ziehen uns Kleidung an. Das ist alles Optimierung. Ich möchte jeglicher Optimierung nachgehen. Why not? Hätten wir das nicht gemacht, hätten wir immer noch kein Zoom.«

»Empfindest du weniger technikaffine Menschen als rückständig?«

»Nein. Ich finde es nicht schlimm, wenn Menschen ein Klapphandy haben, das muss jeder selbst wissen. Ich finde es auch nicht schlimm, wenn eine Frau nichts machen lassen will, aber für mich wäre das wirklich so, als würde mir jemand etwas hinhalten, und ich sage: Nö, danke, das will ich nicht. Ich finde das okay, aber so ein Typ bin ich nicht. Ich bin eher so der Typ: Was ist denn das für 'ne geile Erfindung!«

Vermutlich geht man in Seoul mit einem ähnlichen Pragmatismus an Schönheitschirurgie heran. Letztendlich ist die Frage gerechtfertigt: Wieso ist die Rundumerneuerung des Körpers hierzulande eigentlich so umstritten? Oder, noch schlimmer, warum wird ausgerechnet sie als prollig eingestuft? Natürlich hat die Kommerzialisierung des Körpers etwas Irritierendes. Außerdem bleibt ästhetische Chirurgie trotz sinkender Preise ein Privileg für Wohlhabende. Die Forschung, von der Mirna hier schwärmt, verlängert vermutlich in erster Linie das Leben derer, die ohnehin schon im Vorteil sind.

Südkoreanische Frauen haben mit rund 86 Jahren heute die weltweit höchste Lebenserwartung. In dem Jahrzehnt, in dem ich geboren wurde, lag sie mit 61 Jahren 25 Jahre drunter; Südkorea war in den 1970er-Jahren noch ein sogenanntes Entwicklungsland. Mit dem Wohlstand stieg selbstverständlich auch die Lebenserwartung. Vermutlich war der Grund dafür, dass sich meine Erzeuger gegen mich entschieden haben, ein rein wirtschaftlicher – Familien waren groß und hatten in der Regel noch nicht einmal genug Geld, um ihre Kinder zu ernähren, geschweige denn, sich eine doppelte Lidfalte oder eine schmalere Nase schnippeln zu lassen.

Vielleicht bleibt auch eine gewisse anerzogene Furcht vor einem Eingriff in die göttliche Schöpfung. Dabei könnte man Schönheitschirurgie tatsächlich als eine radikale Form der Selbstbestimmung von Wohlhabenden bezeichnen. Den Körper nach eigenem Ermessen zu gestalten ist vielleicht die Spitze der Individualisierung. Nur: Wer oder was bestimmt dieses Ermessen? Bestimme ich das wirklich vollkommen allein? Und: Geht es jemals nur ums »Äußere« oder nicht immer auch um die Sehnsucht nach einem starken Selbstwertgefühl?

Ich bin selbst unentschieden, ob und was ich an mir selbst machen lassen würde. Von vornherein jegliche Prozeduren auszuschließen erscheint mir zu diesem Zeitpunkt allerdings so naiv wie die Annahme, dass meine Haut für immer pflegeleicht bleiben wird.

Dass es keinen Punkt im Leben geben wird, an dem ich für immer und alle Zeiten mit meiner Erscheinung zufrieden bin, versteht sich von selbst. Das Selbstbild ist durchlässig und schwankend, es orientiert sich an Moden ebenso sehr wie an persönlichen Umständen oder auch an hormonellen Veränderungen. Im Idealfall würde ich mir wünschen, dass jegliches Body Shaming – egal ob gegenüber weiblichen, männlichen oder non-binären Menschen – aufgehoben wird. Ich sollte mich zum Beispiel nicht als »schlechte Feministin« fühlen, weil ich unreine Haut und Gewichtszunahme nicht einfach wegstecken kann. Ich möchte lernen, mich weniger von Widersprüchen um den weiblichen Körper verunsichern zu lassen. Eine Lösung gibt es vermutlich nicht, sondern nur individuelle Wege. Mir geht es besser mit mir selbst, wenn meine Haut nicht von Rosazea erblüht ist. Wenn das in Zukunft heißt, dass ich öfter auf Kuchen oder Schokolade verzichten muss, dann nehme ich das in Kauf. Es ist dann einzig und allein meine eigene Entscheidung.

KAPITEL 11

Heißhunger

Formen der Selbsttröstung: von Kompensation, Zuckerentzug und Menopausen-Start-ups

»Im Durchschnitt nimmt eine Frau von ihrem zwanzigsten bis zu ihrem sechzigsten Lebensjahr in Deutschland zwölf Kilo zu«, erzählt die Ökotrophologin Susanne Liedtke. Susanne hat ein Menopausen-Start-up namens NOBODYTOLDME gegründet. So etwas gibt es wirklich – und die Hamburgerin ist auch nicht die einzige Menopausal-Entrepreneurin.

Als »XbyX« verkaufen die Berlinerinnen Monique Leonhardt, 29, und Peggy Reichelt, 45, Nahrungsergänzungsmittel wie Proteine, Magnesium oder Vitamine für Frauen im Klimakterium. In den USA sind Plattformen wie »Ritual« mit ähnlichen Konzepten bereits sehr erfolgreich in diesem Bereich. Glücklicherweise finden immer mehr Gründerinnen heraus, dass es Aufklärungsbedarf in Sachen Klimakterium gibt: »XbyX« hat eine Umfrage unter 1000 Frauen zwischen 40 und 55 Jahren durchgeführt, und, siehe da, 88 Prozent haben das Wort Perimenopause noch nie gehört, 85 Prozent nennen mindestens drei Beschwerden und 79 Prozent sind sich unsicher, was sie dagegen machen können.

Susanne Liedtkes Kerngeschäft ist die gezielte Aufklärungsarbeit. Sie möchte informieren, interessierten Frauen helfen, ihre Ernährung umzustellen und einen achtsameren Lebensstil anzupeilen. Dazu bietet die 51-Jährige einen umfassenden wöchentlichen Newsletter mit Informationen über Bücher, Filme und Studien zum Klimakterium sowie einen Online-Kurs, den »Body Reset Kurs«, an. Perspektivisch sollen Nahrungsergänzungsprodukte, eventuell sogar Urintests (»Bin ich im Klimakterium?«), dazukommen. Doch Herzstück und Hauptprodukt ist und bleibt der Kurs. 21 Tage lang hilft Susanne interessierten Teilnehmerinnen in Zoom-Schulungen, schädliche Nahrungsmittel in Drei-Tages-Schritten aus ihrem Speiseplan zu entfernen. Dabei geht der »Body Reset Kurs« über die stereotypische Weight-Watchers-Session hinaus; Susanne Liedtke bietet vielmehr umfassendes, evidenzbasiertes Wissen an:

»Die Frauen lassen Schritt für Schritt Lebensmittel weg, von denen man weiß, dass sie sich nachteilig auf die Gesundheit auswirken können, insbesondere auf die Hormonbalance.«

»Was genau lernen die Teilnehmerinnen im Kurs?«

»Er empowered Frauen, selbst etwas gegen ihre Beschwerden zu tun: Sie sind ihren hormonellen Schwankungen nicht einfach so ausgesetzt. Ich gebe sogar ein bisschen Bio-Unterricht. Ich sage zu den Frauen: Jetzt müsst ihr richtig einsteigen, was abends um acht nach einem langen Arbeitstag schon auch eine große Herausforderung ist. Aber die Teilnehmerinnen haben das Wissen total aufgesogen, weil sie es nirgendwo sonst so kompakt erfahren haben, es gibt richtige Aha-Erlebnisse.«

»Was sind das für Aha-Erlebnisse?«

»Wie sich die Ernährung auf den Organismus auswirken kann, findet in der Medizin ohnehin zu wenig Beachtung. Ärzt*innen werden in puncto Ernährung, sofern sie sich nicht selbst weiterbilden, nicht ausgebildet und auch nicht dafür bezahlt, eine solche Beratung zu machen.«

Susanne möchte, dass die Frauen nicht nur mitmachen, sondern wirklich verstehen, was in ihrem Körper vorgeht, wenn Nahrung aufgenommen und verstoffwechselt wird. Deswegen gibt sie Anregungen zum Testen vom pH-Wert im Urin und zum Blutzuckerspiegel. Teilnehmerinnen können somit Veränderungen im Körper quasi in Echtzeit nachvollziehen und sehen, wie bestimmte Lebensmittel wie Kaffee oder Getreideprodukte den Blutzuckerspiegel sofort in die Höhe schießen lassen. Susanne Liedtke ist studierte Ökotrophologin, bezeichnet sich selbst als »Nerd« in Sachen Ernährung und verfügt über so viel Wissen über den menschlichen Stoffwechsel, dass all die Studien und Informationen kaum in ein einziges Gespräch passen.

Ich besuche Susanne in Hamburg. Dort treffe ich eine hochgewachsene, ausgesprochen attraktive Frau in einem pinkfarbenen Hosenanzug. Sie serviert zum Interview selbst gemachte, zuckerfreie Rhabarber-Granita, (sizilianisches Wassereis), ebenfalls selbst gemachte vegane Bananen-Eiscreme und geröstete Nusskerne. Wenn ich in Texten oder Studien lese, dass eine gesunde Ernährung essenziell wichtig ist, vor allem für Frauen in meinem Alter, frage ich mich immer, was eigentlich so eine »gesunde Ernährung« ausmacht. Koche ich zu Hause gesund genug? Spaghetti Carbonara und frittierter Tofu gehören vermutlich nicht dazu. Mein kurzer Besuch bei Susanne gibt mir das Gefühl, dass noch Luft nach oben auf unserem Speiseplan ist – ich denke an all die Kuchen und Mehlspeisen, die ich in Wut und Wehen zubereitet habe.

Aber so eng sieht die Ökotrophologin das gar nicht. Im Gegenteil, sie beruhigt mich: »Wenn ich richtig viel Geld hätte, würde ich im ganzen Land Kochschulen für Kinder aufmachen. Denn wer zu Hause selbst kocht, ernährt sich automatisch besser als Menschen, die nicht oder nur wenig kochen.«

Susanne Liedtke ist Mutter zweier erwachsener Kinder aus ihrer ersten Ehe, hat in den USA gelebt und ihr Studium als junge Mutter absolviert. Danach hat sie Stationen als Produktmanagerin für einen Lebensmittelkonzern, in der Werbung und bei Google durchlaufen. Aufgewachsen ist sie in einem Dorf in Niedersachsen. Ihre Eltern betrieben einen Landhandel, eine Gastwirtschaft und ein Lebensmittelgeschäft. In Liedtkes Familie wurde viel gekocht – im klassischen Sinne: Freitags kam Fisch auf den Tisch, es gab Wild, und Brot wurde selbstverständlich frisch gebacken. Gleichzeitig war die junge Susanne von Naturwissenschaften fasziniert, davon, wie der Körper auf biochemischem Level funktioniert. Diesen Ansatz verfolgt sie heute beim Body-Reset.

»Der Kurs basiert auf einer Idee der amerikanischen Ärztin Dr. Sara Gottfried«, erklärt Susanne. »Die Veränderung wird von innen nach außen vorgenommen. Mit jedem Schritt lassen wir eine Lebensmittelgruppe weg, die die Hormonbalance beeinträchtigen kann: Zuerst verzichten wir auf Alkohol und rotes Fleisch, dann auf Zucker, dann auf Milch und Milchprodukte, auf Koffein, Getreide, Fruchtzucker und schließlich Umweltgifte. Man befreit den Körper von Dingen, die ihn belasten können. Die Veränderung findet auf der zellulären Ebene im Körper statt. Dein Fokus liegt nicht auf dem Außen, sondern auf dem Innen. Teil dieser Ernährungsumstellung sind Achtsamkeit, Meditation und Yoga. Das biete ich explizit nicht an, das können andere besser als ich. Aber Frauen lernen in dem Kurs, insgesamt achtsamer mit sich selbst umzugehen.«

»Was sind das für Frauen, die an Ihrem Kurs teilnehmen?«

»Ich hatte zum Beispiel eine einundzwanzigjährige Frau mit starker Endometriose. Das finde ich gut zu sehen: dass diese Ernährungsumstellung nicht nur für Frauen in den Wechseljahren, sondern für alle Frauen ab achtzehn geeignet ist. Weil wir alle früher oder später in hormonelle Imbalancen kommen können. Auch bei Kinderwunsch beispielsweise kann eine konsequente Ernährungsumstellung eine Hilfe sein. Ich hatte gerade eine Achtunddreißigjährige im Kurs, deren Gynäkologin gesagt hat, dass es mit dem zweiten Kind schon etwas dauern könnte. Sie hat den Kurs gemacht und wurde innerhalb von drei Monaten schwanger. Aber klar: Der Großteil der Frauen ist eher in der Lebensmitte. Auf meiner Warteliste für den nächsten Kurs sind jetzt viele Frauen zwischen vierzig und fünfundvierzig.«

Ich erzähle Susanne von meiner Erfahrung mit zuckerfreiem und zuckerreduziertem Essen.

»Klingt abgedroschen, aber: Zucker macht süchtig und

auf Dauer krank. Es gibt einen direkten Zusammenhang zwischen Zucker und Insulin, dem blutzuckerregulierenden Hormon. Man unterschätzt, wie stark der Einfluss von Lebensmitteln auf unseren Organismus ist. Wir wissen alle, dass Nikotin und Alkohol nicht gut sind – das sind Zellgifte, die sich unter anderem auf unser Mikrobiom auswirken. Man muss sich vorstellen: Wir sind nicht allein in unserem Körper. Wir leben mit 30 Billionen Körperzellen. In unserem Mikrobiom, unserem Darmsystem, leben 39 Billionen Bakterien. Wir leben mit ihnen in einer Symbiose. Wenn das Mikrobiom gut ernährt ist, ernährt es uns gut. Es ist unfassbar wichtig für unsere ganze Gesundheit, dass unser Darm gesund ist.«

»Was ist denn das Besondere daran, alle drei Tage etwas wegzulassen?«

»Jeder Lebensmittelgruppe steht exemplarisch ein Hormon gegenüber: Rotes Fleisch und Alkohol können die Östrogen-Balance stören, Zucker das Insulin, Milchprodukte die Wachstumshormone, Getreide und Gluten Schilddrüsenhormone, Kaffee das Cortisol, Fruchtzucker das Hungerhormon Leptin, Xenohormone wie Weichmacher in Kunststoffen können das Testosterongleichgewicht stören. Wenn wir diese Lebensmittel weglassen, kann sich der Organismus erholen und die Balance wiederherstellen.«

Susanne trifft sich während des Kurses alle drei Tage zum Zoom-Termin mit den Teilnehmerinnen und erklärt die Auswirkungen des jeweiligen Hormons auf den Organismus – das, was sie als »Bio-Unterricht« bezeichnet. Morgens verschickt sie Rezepte per E-Mail, die Kursteilnehmerinnen sind über WhatsApp verlinkt.

Wie bei jeder »Diät« verzichtet es sich leichter in der Gruppe. Wenn man sich mit Menschen austauschen kann, die solche Momente kennen, in denen man vor dem Gemüsefach steht und sich eigentlich ein großes Stück Torte wünscht, greift man vielleicht doch eher zum Spinat als zur Chipstüte.

Susannes Wissen ist bemerkenswert. In ihrem Newsletter »Somebodytoldme« erzählt sie von neuen Studien ebenso wie von Memes (»Menopause Rhapsody« von Shirley Serban), aber auch weniger amüsanten Themen wie Blasenschwäche oder vulvavaginaler Atrophie. Letztendlich ist Wissensvermittlung Susannes Produkt – Aufklärung und Prävention sind eine Marktlücke. Fürs schnelle Konsumieren von Schlagwörtern eignet sich nobodytoldme.com nicht, etwas Geduld und Zeit sollte man mitbringen.

Doch es lohnt sich. Denn das Thema Ernährung reiht sich neben Sport, Fitness und Beauty in die lange Tradition von widersprüchlichen Lifestyle-Aspekten ein: Diätenwahn auf der einen Seite und ausgewogene Ernährung als essenzieller Bestandteil eines gesunden und langen Lebens auf der anderen Seite.

Susanne Liedtke mag das Wort »Diät« nicht. Klar freuen sich ihre Kursteilnehmerinnen über verlorene Pfunde, doch ihre Mission ist Gesundheit. Als Aufforderung zur sklavischen Befolgung möchte sie ihren Kurs ohnehin nicht verstehen. In einem Erstgespräch erklärt sie, dass sowohl ein Glas Wein als auch eine Tasse Kaffee hier und da natürlich okay seien. Die Gründerin möchte keine Verbotslisten aufstellen, sondern Empfehlungen aussprechen – »Rückschlüsse kann jede Frau für sich selbst ziehen. Manche essen sofort nach

Ende des Kurses wieder alles, andere nehmen sich noch mal einundzwanzig Tage, um Schritt für Schritt die weggelassenen Lebensmittel wieder in den Speiseplan zu packen.«

Neben all den Übeltätern gibt es aber auch Verbündete: Zu den Lebensmitteln auf der Positivliste gehören Salat, grünes Gemüse, grüner Tee, Hülsenfrüchte, Süßkartoffeln, Kräuter, Olivenöl, Avocados, fetter Fisch, Nüsse und Samen. Warum habe ich eigentlich so selten Heißhunger auf solche Lebensmittel?

Vermutlich lernt man schon mit den ersten Nahrungsaufnahmen, eine Verbindung zwischen süßen Speisen und Trost herzustellen. Bei Babys ist Ernährung wahrscheinlich das zentralste Grundbedürfnis. Ist ein Baby verstimmt, gibt man ihm zum Trost etwas zu trinken oder zu nuckeln. Eine Therapeutin erklärte mir vor Jahren schon, dass Emotional Eating – also das Essen als Mittel, um bestimmte Gefühle zu kompensieren – der Sehnsucht nach Nuckeln gleicht. Wenn mein Sohn sich als kleines Kind verletzt hat, habe ich ihm keinen Apfel oder Weintrauben gegeben, erst recht keine gesunde Möhre und keinen Pastinakenbrei, sondern ein Stück Kuchen oder einen Keks.

Aber dieses Verhalten ist nicht nur anerzogen. Wird dem Körper etwas Leckeres zugeführt, wird Dopamin freigesetzt, ein Neurotransmitter, der Glücksgefühle auslöst. Tatsächlich macht Essen biochemisch – zumindest kurzzeitig – glücklich. Dass Frauen sich auch als Erwachsene eher für Süßes als für Salziges entscheiden, könnte wiederum seine Wurzeln im Viktorianischen Zeitalter, der Schreckenswiege toxischer Kultur, haben. Die sogenannte Abstinenzbewegung (Temperance Movement) fand es für Frauen unschicklich, in Restaurants zu essen. Deshalb trafen »Ladies« sich in Konditoreien und nahmen statt Bier und Braten Tee und Törtchen zu sich. Wer weiß, ob Miranda, Carrie, Charlotte und Samantha sich in *Sex and the City* statt in der Magnolia Bakery zum Cupcake-Essen nicht eher auf ein Bier und Chicken Wings im Pub getroffen hätten, wenn Abstinenzbewegung und Prohibition Tavernen und Bars nicht moralisch belastet hätten.

Im Englischen spricht man, wenn man salzige Gerichte mit Trostfaktor meint, von »Comfort Food«, was sich tatsächlich als »Trost-Essen« übersetzen lässt. Damit gemeint sind Speisen wie Kartoffelbrei, Nudeln mit Käsesahnesauce, Grilled-Cheese-Toast – Kohlenhydrat-/Fett/Salzbomben also, die zwar nicht gesund sind, aber – ähnlich wie Süßspeisen – zumindest kurzzeitig glücklich machen.

Während der Corona-Pandemie hat das Bedürfnis nach Comfort Food zugenommen, selbst die feine *New York Times* veröffentlichte regelmäßig Rezepte für Sandwiches und Aufläufe.

Die Geschichten, die man sich über Trost-Essen erzählt, sind in der Popkultur immer nur ausschnittartig. Man bezeugt den Kummer (meistens Liebeskummer) und den Trost (Eis, Burger, Pommes), aber nicht das, was danach kommt: schlechtes Gewissen, Völlegefühl, Verdauungsstörungen, Gewichtszunahme. Die Fortsetzung folgt im eigenen Leben. Natürlich tut die Trost-Ernährung dem Körper langfristig nicht gut. Im

Zusammenhang mit Entzündungskrankheiten über Krebs bis hin zu Alzheimer empfehlen Ärzte aller Disziplinen präventiv eine zuckerarme Ernährung, reich an Proteinen und gesunden ungesättigten Fettsäuren, Ballaststoffen und Vitaminen. In all den Studien, die ich für dieses Buch gelesen habe, ist mir selten so viel Einigkeit begegnet: Zu viel Zucker verursacht Entzündungen im Körper, lässt Tumore wachsen und macht schlicht und ergreifend dick. Zu viele gesättigte Fette wiederum verstopfen Arterien und Gefäße und fördern damit die Wahrscheinlichkeit von Herz-Kreislauf-Erkrankungen. Zu viel Salz belastet das Skelett und erhöht die Gefahr, an Osteoporose zu erkranken. Eine zucker- und fetthaltige Ernährung steigert das Risiko, Diabetes zu bekommen, was wiederum Gefäßkrankheiten und damit Herz-Kreislauf-Probleme und das Schlaganfall-Risiko erhöht.

Trost-Essen ist also ungefähr so sinnvoll wie Rauchen, wenn man ein selbstbestimmtes, gesundes Dasein in der zweiten Lebenshälfte anstrebt. Für Frauen im Klimakterium kommt es doppelt dicke: Schlechte Ernährung verstärkt mitunter die Symptome. Susanne Liedtke erklärt:

»Durch zu viel Körperfett produziert unser eigener Körper zusätzliches Östron – das ist ein Östrogen. Durch das Essen von rotem Fleisch und Milchprodukten nehmen wir dann auch noch über die Nahrung zusätzliches Östrogen auf. Wenn du nun viele Ballaststoffe isst, ist es für den Körper viel einfacher, überschüssiges Östrogen wieder auszuscheiden. Du entgiftest dich unter anderem über deine Leber und den Gallengang. Wenn du aber wenig Ballaststoffe zu dir genommen hast, kommt dieses überschüssige Östrogen viel leichter mit der Darmwand in Kontakt und wird möglicherweise zurückresorbiert. Östrogen ist körpereigen, das erkennt und recycelt er dann quasi. Im Fall von zu viel Östrogen willst du aber, dass der Körper es ausscheidet, sonst kann es zu einer Östrogendominanz kommen …«

»… die wiederum perimenopausale Beschwerden wie PMS verstärken kann.«

Im Klartext heißt das, dass Übergewicht in Verbindung mit einer ballaststoffarmen Ernährung, sprich Comfort Food, Beschwerden wie Nachtschweiß, Durchschlafprobleme und Erschöpfung noch verschlimmern kann. Eine schöne Vorstellung: Mein Kind in der Pubertät, ich im Klimakterium, und beide haben Jieper auf Cheeseburger mit Pommes, der die Stimmungsschwankungen letztendlich nur noch schlimmer macht. Das kleine bisschen Trost wird mit stundenlanger mieser Laune bestraft.

Die Strahlkraft, die Torten und Pommes auf mich ausüben, wird durch diese Information übrigens gar nicht bedroht. Ich werde auch weiterhin zugreifen, wenn mir danach ist. Aber es muss doch noch was anderes geben als einerseits das Narrativ der Lebefrau, die beherzt futtert und dabei auf das dünne Schönheitsideal scheißt, und der hypergesunden, ranken und schlanken Yoga-Tante mit Green Smoothie und Quinoa Bowl andererseits. Ich selbst habe früher Gesundheitstipps eher mit Diätwahn in Zusammenhang gebracht, Beiträge zu zuckerfreier und basischer Ernährung habe ich aus diesem Grund immer eher kritisch gesehen.

Also schaffe ich mir einfach eine neue Food-Fantasie: In Korea gibt es zum Frühstück gegrillte Makrele mit Seetang-Suppe und Kimchi. Der fette Fisch strotzt nur so vor Omega-3-Fettsäuren und Vitaminen, der Seetang ist randvoll mit Jod, Calcium, Folsäure und Magnesium, Kimchi ist reich an Vitamin C, Milchsäure und probiotischen Bakterien. Die Makrele ist überaus reichhaltig, gleichzeitig hoch aromatisch und sättigend, die Suppe kräftigend. Der Seetang schmeckt angenehm nussig, das Kimchi säuerlich und scharf. Diese Mahlzeit könnte ich zu jeder Tages- und Nachtzeit essen. Und weil all diese Lebensmittel herrlich gesund sind, gönne ich mir eine Schale weißen Reis dazu. Eine kleine. Zum Trost.

KAPITEL 12

Durchschlafprobleme

Work-Life-Mythen:
von Arbeitsfähigkeit, Arbeitskultur und Aufklärung am Arbeitsplatz

Gerade bin ich im Traum durch eine öffentliche Toilette gerannt. Alle Kabinen waren türlos, alle Klos verstopft und versifft. Irgendwo muss es doch hier eine abschließbare Toilette geben, denke ich verzweifelt – und erwache in meinem Bett. Pinkeln muss ich immer noch.

Ich schleppe mich durch den Flur ins Bad. Dann schaue ich auf die Uhr:

3:07

Wieder zurück im Bett drehe ich mich auf den Bauch, schiebe meine Hände unters Kissen und schließe die Augen. Vielleicht, so hoffe ich, wird der Toilettentraum ab jetzt weniger eklig, weil meine Blase nicht mehr drückt.

Vielleicht finde ich aus dem schmuddeligen Raum heraus, und entdecke dahinter – wie häufig im Traum – ein neues spannendes Zimmer, von dem ich nicht wusste, dass es existiert. Aber nicht heute Nacht. Heute sehe ich nur Dunkel, beziehungsweise, sobald ich die Augen öffne, die Umrisse des Sessels, auf dem ich abends meine Klamotten ablege, und das Zwielicht, das durch die Vorhänge ins Schlafzimmer lugt.

Mein Mann schläft tief und fest neben mir. Neid auf seinen seligen Nachtschlaf steigt wie eine Hitzewallung in mir auf. Diese giftige Wut hilft mir keineswegs bei der Entspannung, Schlummerland lässt mich nicht mehr übertreten. Je stärker sich Unruhe und Missmut in mir ausbreiten, desto wacher werde ich. Schließlich gebe ich auf, gehe im Kopf meine Aufgaben für den kommenden Arbeitstag durch und greife nach meinem Handy.

3:48

Googeln gilt als Tod des erholsamen Nachtschlafs, als Killer der Entspannung, als Baby-Droge der Schlaflosen. Und bietet eine geradezu wunderbare Flucht vor dem nächtlichen Grau-Schwarz des Schlafzimmers und des viel zu friedlich ratzenden Mannes. Irgendwann stolpere ich über Fotos von Jennifer Lopez und Ben Affleck, *happy in love* – anscheinend geben sie ihrer Beziehung gerade eine zweite Chance. Die Superstars turtelten schon vor zwanzig Jahren mal verliebt durch die Klatschpresse. Jetzt, mittelalt und in JLos Fall vermutlich im Klimakterium (JLo im Klimakterium?! Liegt etwa auch JLo nachts wach in ihrem vermutlich riesigen Bett, mit einem schnarchenden Ben Affleck neben sich?), haben sie sich wieder ineinander verliebt.

Awww. Wenigstens etwas Gutes in der öden Nacht. Ich scrolle weiter durch Gossip-Seiten und Instagram-Accounts.

4:19

Aber natürlich kann man JLos Situation schwerlich mit der irgendeiner durchschnittlichen Frau vergleichen. Ohnehin finde ich es seltsam, dass Instagram mich anscheinend auf den Lifestyle von Mega-Reichen abrichten soll. Als könnte ich mir irgendwann ein Bett wie Lopez leisten. Oder auch ihren vermutlich weltbesten Schlaftrainer. Was hat diese Welt mit der Realität normalsterblicher Frauen im Klimakterium zu tun? Richtig. Gar nix! Soll sie doch mit voller Blase von ihrem Prinzessinnenbett nachts in ihr Mamorbad tapern, schließlich ist Pipi Pipi und Hormone bleiben Hormone. Basta. Am besten verbanne ich das Handy aus dem Schlafzimmer. Zum Selbstschutz.

4:48

Andererseits – wenn sie sich jetzt wieder auf den Mann einlässt, der ihr einst das Herz gebrochen hat, geht sie vor dem gesamten Weltpublikum ein immenses emotionales Risiko ein. Sie muss ihn echt mögen, denn warum täte sie sich das sonst an? Im Gegensatz zu eigentlich allen anderen Frauen in ihrem Alter kann sie schließlich alles und jeden haben. Ich google »JLo« und »Menopause«. Allen Ernstes. Ein Königinnenreich für eine Nacht durchschlafen, echt!

5:07

»Wie überrascht all diese Menschen offenbar waren, zeigt ziemlich gut, wie Altersdiskriminierung funktioniert. Lopez entspricht nicht dem konstruierten gesellschaftlichen Bild von 50-jährigen Frauen. Ein Bild, das natürlich schon von vornherein falsch ist. Und das dafür sorgt, dass sich manche Menschen mit dem Alter weniger wertvoll fühlen. Während viele Männer mit 50 in ein Alter kommen, in dem sie die bestbezahlten Jobs der Welt ergattern oder Länder regieren, fühlen sich Frauen in der Lebensmitte ›abgehalftert‹; als würden sie aussortiert«, lese ich in der *taz*. In der *taz*!!! Selbst für das linke Blatt ist JLo ein Thema! Ich bin so müde. Ich wünschte, ich könnte wieder einschlafen … Ich muss ganz, ganz dringend schlafen, sonst fange ich an zu halluzinieren … also, Augen zu, tief einatmen … kurz darauf erscheint mir *Jenny from the Block*. Die Kommentatoren lügen nicht: Sie sieht umwerfend aus: Diese Augen! Diese Haare! Diese Körperkraft! Ich nehme meinen ganzen Mut zusammen.

»Jennifer, wie schaffst du es eigentlich, nachts durchzuschlafen?«, frage ich großäugig.

Sie hebt einen muskulösen Arm, streckt ihren Zeigefinger madonnenhaft vor und winkt mich heran. Ich rutsche auf Knien zu ihr, als sie ihren Mund öffnet und ihre Stimme verkündet: »*Hermana, la verdad sobre la menopausia es …*«

Der Wecker klingelt: 7:00.

Was? Ich konnte sie nicht hören! Ich muss unbedingt wieder einschlafen! Sie war gerade im Begriff, mir die Wahrheit übers Klimakterium zu erzählen! Mist! Blei fließt durch meine Adern. Meine Augenlider fühlen sich an, als gehörten sie nicht mehr zu meinem Körper. Der versinkt in der Matratze. Ich komme nicht hoch. Mein Kopf schmerzt, mein Bauch schmerzt, ich spüre, wie Luftblasen schmerzhaft durch meinen Darmtrakt wandern. Meine Schulter fühlt sich an, als wäre jegliches elastisches Muskelgewebe über Nacht zu Stein erstarrt. Ich werde nie, nie, nie wieder aufstehen können. Ich weiß es. JLo, *ayúdame*!

Ich muss aufstehen, meinen Sohn wecken, Frühstück machen, die Brotbox füllen und ihn dann in den Tag entlassen. Danach stehen zu begleichende Rechnungen an, ein Geburtstagsgeschenk muss besorgt werden, um zehn Uhr beginnt dann mein regulärer Arbeitstag.

Jeden Monat füllen wir ein Magazin, ich bin für den Kultur- und Reiseteil verantwortlich. Dort plane und recherchiere ich interessante, schön geschriebene Geschichten. Ein wunderbarer, handwerklicher Job, der jedoch eine gewisse kreative Präsenz fordert. Heute bin ich mir sicher: Ich werde in meinem ganzen verdammten Leben nicht mehr kreativ sein. Oder, noch schlimmer, nie mehr originell. Ich will schlafen, vorzugsweise mehr als drei Stunden am Stück.

Wenn mein Sohn um 14:30 aus der Schule kommt, hat er Hunger. Glücklicherweise ist er inzwischen so groß und selbstständig, dass er sich, abgesehen von den Mahlzeiten, komplett selbst organsiert. (Naja, fast. »Hast du die Uhr im Blick? Gleich ist Training …«) Nach dem Training wird es Zeit für das Abendessen. Ich werde zwischen E-Mails und

Telefonaten kochen, irgendwas im Tagewerk vergessen haben und um 18 Uhr noch schnell ein weiteres Interview über Zoom führen. Eventuell wollte ich abends noch eine Freundin treffen, aber das werde ich absagen. Der Tag steht wie ein Ausrufezeichen vor mir, wie ein unüberwindbarer Berg, den ich niemals bezwingen werde. Es ist immer noch sieben Uhr morgens, ich liege immer noch im Bett und weiß noch nicht einmal, wie ich es bis ins Bad schaffen soll.

Ich rüttle meinen Mann sanft an der Schulter, einmal, zweimal, dann endlich rührt er sich.

»Du, ich lag heute Nacht stundenlang wach. Kannst du mit ihm aufstehen?«

Statt einer Antwort bringt er nur Laute heraus, wenig später spüre ich, wie die Matratze wackelt und er sich erhebt. Puh.

Eineinhalb Sekunden lang fühle ich mich schlecht. Dann schlafe ich wieder ein, doch Jennifer Lopez' Worte der Wahrheit über das Klimakterium finde ich nicht mehr in meinem Unterbewusstsein. Stattdessen Schuldgefühle: Ich träume, dass ich der Freundin, der ich später absagen werde, beim Umzug helfe. Überall stehen Dinge herum, Möbelpacker machen Druck. Diverse andere Freundinnen wollen ebenfalls anpacken. Immer, wenn ich etwas heben will – eine Pflanze, eine Lampe –, greife ich ins Leere. Dann merke ich: Statt etwas aus der Wohnung zu tragen, liege ich im Bett und schlafe. Ich möchte helfen umzuziehen. Ich möchte meiner Freundin Arbeit abnehmen. Aber ich bin einfach zu erschöpft und schlafe immer wieder ein. Bad Friend.

9:00

Und wieder der Wecker, aber an meinem Energielevel hat sich nichts verändert. Ich liege im Bett wie ein Tier in der Falle.

Meine Schwester ist ein paar Jahre älter als ich. Sie arbeitet als Ergotherapeutin in einer Reha-Klinik. Ihre Kinder sind viel jünger als mein Sohn. Sie muss all die Dinge erledigen, die auch auf meiner Liste stehen – mal zwei. Dazu kommt, dass sie ihren Job nicht aus dem Homeoffice abwickeln kann. Stattdessen steht und läuft sie den ganzen Tag in der Klinik herum. Mittlerweile leidet sie unter einer chronischen Sehnenscheidenentzündung. Eine Bekannte, die so alt ist wie meine Schwester, hat auch zwei kleine Kinder und arbeitet in der Pflege als Kinderkrankenschwester, genau gesagt als Palliativbetreuerin für krebskranke Kinder. Ihren Mann hat sie bei der Physiotherapie kennengelernt, weil sie mit Ende dreißig körperlich so beansprucht war von ihrem Job, dass sie Krankengymnastik in Anspruch nehmen musste.

Schichtdienst. Frauen arbeiten auf der ganzen Welt in Schichtdiensten. Nachts, körperlich. Unser Büro in München ist jeden Tag sauber, weil die Putzkolonne spätabends oder frühmorgens aufschlägt und alles reinigt. Die Frühschicht im Schulhort fängt um sechs Uhr morgens an, Erzieher*innen begrüßen Kinder jeden Tag gut gelaunt, im Winter schon vor Sonnenaufgang. Wie schafft man das?, frage ich mich. Wie bewerkstellige ich meinen Arbeitstag, wenn ich einen Nachtschlaf wie Frankensteins Monster und einen Zyklus wie den Bauplan des Berliner Flughafens habe?

Dabei sollen das doch meine Jahre sein, die Erntejahre.

Wer auch immer diese Prognosen verfasst hat, hatte noch nie mit Hormonschwankungen zu tun. Meine Freundin, die das Klimakterium bereits hinter sich hat und gerade ihre letzten Arbeitsjahre angeht, erzählt mir, dass sie freitags nach der Arbeit zu Hause manchmal aufs Sofa fällt und einfach liegen bleibt. Neulich hat sie dreizehn Stunden am Stück geschlafen.

Um 9 : 14 stehe ich auf, und das Zimmer dreht sich um mich. Ich falle zurück aufs Bett und kann's nicht fassen. Ist das jetzt immer so? Bleibt das so? Starre ich jetzt jede Nacht an die Decke, versuche erst ein Buch und dann doch im Internet zu lesen? Wache ich jetzt ständig mit dem Gefühl auf, gar nicht geschlafen zu haben?

9 : 21. Aufstehen, zweiter Versuch. Langsamer diesmal. Mein Mann klappert mit Geschirr in der Küche.

»Alles okay?«, ruft er.

Nein.

»Jaja!«, antworte ich.

Diesmal komme ich hoch. Ich schlurfe über den Flur ins Bad. Ich muss ständig auf Toilette, vor allem nachts. Damit bin ich noch gut dran. Ich lese in einem Menopausen-Ratgeber, dass es zu »feuchten Träumen der etwas anderen Art« kommen kann. Igitt. Das hat mir wirklich keiner erzählt!

Die Menopausen-Beraterin Ellen Cornely-Peeters schreibt in ihrem Buch *Ach, Meno!:* »Warum müssen wir alle naselang auf Toilette? In der Prämenopause lagern wir durch Östrogendominanz viel Wasser ein. Wenn wir im Bett liegen und schlafen, arbeitet der Stoffwechsel auf Hochtouren. Und scheidet alles Überflüssige aus. Und wo viel ist, muss auch viel raus.«

Sie schreibt »Prämenopause«, also noch vor der Perimenopause. Das heißt – da geht noch was!

Ich will wieder ins Bett.

Jetzt ist es 9:34, und ich habe es (ungeduscht) an den Schreibtisch geschafft. In meinem Kopf breitet sich eine scharfe, eisige Leere aus. Das Geburtstagsgeschenk und der andere organisatorische Quatsch müssen warten, das schaffe ich heute einfach nicht. Wenn ich bis 13 Uhr durchhalte, klopfe ich mir selbst auf die Schulter. Seit die Perimenopause bei mir eingesetzt hat, benutze ich eine Zyklus-App, damit ich, trotz aller Unberechenbarkeit, ungefähr weiß, wann welches Hormon mir wie viel Freude bereiten könnte – wann der Östrogenspiegel, zumindest theoretisch, fällt. Heute ist Tag 20 im aktuellen Zyklus, und ich fühle mich, als würde ich jeden Moment meine Tage kriegen.

Um 10:04 klingelt mein Telefon. Eine Autorin, der ich gerade eine E-Mail geschrieben und darin nach dem versprochenen Text gefragt habe, ist am anderen Ende: »Du, ich bin ein bisschen irritiert – in Deiner ersten Mail stand, dass ich bis Ende nächsten Monats Zeit habe, in der Mail von heute steht in zehn Tagen. Ich habe mich auf Ende nächsten Monats eingestellt, können wir das klären …« Waaas? Habe ich wirklich die Monate vertauscht? Ich gehe durch unseren E-Mail-Verkehr und sehe es schwarz auf weiß vor mir: Ich habe die Abgabetermine verschusselt.

»Das ist alles meine Schuld!«, bricht es aus mir heraus. »Das tut mir so leid! Ich bin so blöde …«

»Naja, kann ja mal passieren …«

»Ich weiß auch nicht, was mit mir los ist, ich Depp …«

»Weißt du, so schlimm ist das nicht, ich kann versuchen, meinen anderen Job zu verlegen.«

»So was darf eigentlich nicht passieren, das wäre mir auch früher nie passiert, ich kann gar nicht glauben, dass mir so was passiert ist …«

»Ähm, sag mal, ist alles in Ordnung mit dir?«

»Ja …«, lüge ich, während mir die Tränen die Wangen hinunterlaufen, »alles okay so weit.«

»Weinst du etwa?!«

»Nein, nein. Ich schau mal, was ich machen kann, und melde mich, ja?«, stammle ich und lege auf.

10 : 17. Mein Arbeitstag endet hier.

Ich will zurück ins Bett. Ich melde mich krank, lege mich ins Bett und fühle mich schlecht: unausgeschlafen, unkonzentriert und unzuverlässig, nicht wirklich krank, aber nicht belastungsfähig und überfordert.

Laut Statistischem Bundesamt waren 1999 lediglich 38 Prozent der arbeitenden Frauen älter als fünfundfünfzig, 2019 schon 47,5 Prozent. Das heißt, dass über die Hälfte der arbeitenden Frauen 2018 sich auf jeden Fall im Klimakterium befanden, Tendenz steigend. Genauere Erhebungen gibt es aus Großbritannien. Der National Health Service, die öffentliche Krankenversicherung Großbritanniens, gibt an, dass Frauen über fünfzig die am schnellsten wachsende Gruppe auf dem Arbeitsmarkt sind, fast acht von zehn Frauen befinden sich dort im Klimakterium. Andere Studien bestätigen, dass die mannigfachen Symptome des Klimakteriums die Arbeit beeinflussen. Rund 65 Prozent der Frauen sagten aus, dass ihre Konzentration leide (yep!), 58 Prozent gaben an, unter Stress zu leiden, und 52 Prozent reagierten ungeduldig auf Kund*innen und Kolleg*innen. 30 Prozent der Arbeitnehmerinnen nähmen sich Krankheitstage, und nur 25 Prozent davon würden ihren Vorgesetzten ehrlich sagen, warum sie sich krankmelden.

Das Beratungsunternehmen Frost & Sullivan errechnete 2018 einen Schaden von 150 Milliarden Dollar im Jahr durch menopausalen Stress von Arbeitnehmerinnen. So betrachtet wird das Klimakterium ganz schnell von der Zote im Konferenzraum zum Wirtschaftsfaktor für die Arbeitswelt. Die ersten Konzerne reagieren: Die spanische Bank Santander und der britische Fernsehsender Channel 4 bieten laut ihrer »Menopause Policy«: »Tischventilatoren und Büros mit Klimaanlage, mehr bezahlte Krankheitstage und Counselling. Frauen im Klimakterium werden flexiblere Arbeitszeiten mit mehr Pausen eingeräumt, mit früherem Arbeitsbeginn und Feierabend, um den Rush-Hour-Verkehr auf dem Heimweg umgehen zu können; sie bekommen die Erlaubnis, Kameras bei Teams-Calls auszuschalten, und sogar die Möglichkeit, temporär auf Teilzeit umzusteigen.«

Auf dem Papier liest sich das ähnlich karrierefördernd wie die Elternzeit und ist sicherlich ebenso beliebt wie die Quote. Nur: Schon mal den ganzen Tag am Schreibtisch geschwitzt?

Eingeschränkte Arbeitsfähigkeit kennen einige jüngere Frauen sicher aufgrund von PMS. Perimenopause aber ist mitunter PMS XXL.

Am Weltfrauentag 2021 stellte Vodafone sein Menopausen-Programm für Mitarbeiterinnen vor. Der Telekom-Gigant will ab sofort ebenfalls Frauen im Klimakterium aufklären, unterstützen und beraten, auf Wunsch sogar auch deren Familienmitglieder. Auch hier werden flexiblere Arbeitszeiten angeboten. Das Vodafone-Menopausenpaket geht auf die Managerin Leanne Wood zurück. Sie arbeitet als globale Personalchefin im Konzern und ist selbst Ende vierzig. Vielleicht wacht auch Wood gelegentlich nachts auf, um eingehend ihre Schlafzimmerdecke nach Wasserflecken und Unebenheiten zu untersuchen. Vielleicht hat auch sie eines Morgens unausgeschlafen und dünnhäutig beschlossen, dass manche Tage einfach nicht dafür gemacht sind, auch nur Kleines, geschweige denn Mittleres oder gar Großes zu leisten.

Grundsätzlich habe ich folgende Erfahrung gemacht: Nicht jeder Tag ist ein produktiver, Klimakterium hin oder her. Was sich allerdings verändert hat, ist der Druck, den ich mir selbst mache: Durchhalten. Nur nicht nachlassen. Nicht *so Eine* werden. Einfach ganz ehrlich sagen zu können »heute geht's mir beschissen, ich denke und arbeite morgen mit frischem Kopf weiter«, würde meinen Arbeitsalltag erleichtern.

Natürlich sehe ich die Belegschaft meines Unternehmens schon in Pflichtkursen über Hormone kichern. Eine befreundete Grundschullehrerin erzählte mir neulich, dass keiner der verpflichtenden Erste-Hilfe-Kurse an ihrer Schule ohne sexistische Witze auskommt. Beim letzten Mal ging es um Reanimation, konkret um Herzdruckmassage. »Kaum einer«, erklärte der Sanitäter, »weiß, auf welcher Höhe man ansetzen soll. Tipp: Genau zwischen den Brustwarzen. Bei älteren Damen können die schon mal am Bauchnabel hängen, da bitte nicht reanimieren.« Ja, das ist wirklich genau so passiert.

Ich fände es überaus hilfreich, Männer zu schulen. Zu behaupten, Männer seien nicht vom Klimakterium betroffen, halte ich für Augenwischerei. Sie sind ebenso betroffen wie Kolleginnen und Chefinnen, schließlich leben sie mit den Frauen. Gründerin Susanne Liedtke erzählte mir, dass sie in vielen Investorenrunden auf Männer traf, die ihr ganz spontan sagten:

»Sie sollten wirklich mal mit meiner Frau sprechen.«

Macht Susanne sicherlich gern, aber: Wäre es nicht richtig, Männern zu erklären, was im Körper ihrer Frau vorgeht? Warum sie, beispielsweise, keine Lust auf Sex hat?

In der sechsten Klasse haben Schüler Sexualkunde, Mädchen *und* Jungen natürlich, denn die Pubertät durchlaufen beide Geschlechter. Sicherlich finden die Zwölfjährigen diese Aufklärungsgespräche total peinlich, aber: Irgendwas wird schon hängen bleiben. Die Verselbstständigung des eigenen Körpers ist ein Schock, der einen weniger stark trifft, wenn man sich vorbereiten kann.

Sollen nun Betriebe die Aufklärung übernehmen? »Großunternehmen tun gut daran, sich mit dem Thema zu beschäftigen und für ihre Mitarbeiter*innen im Rahmen des betrieblichen Gesundheitsmanagements etwas zu etablieren«, findet Susanne Liedtke, die immerhin den größeren Teil ihrer Karriere in verschiedenen Konzernen gearbeitet hat. »Frauen mittleren Alters sind die am schnellsten wachsende Altersgruppe. Niemand kann ein Unternehmen nur mit jungen Leuten führen. Wir steuern auf einen historischen Fachkräftemangel zu und wünschen uns mehr Frauen in Führungspositionen, entsprechend wichtig ist Aufklärung am Arbeitsplatz.«

Wer auch immer aufklärt – oder besser gesagt: erklärt –, erleichtert schlimme Tage im Bett. Allerdings ist die Auseinandersetzung mit der Menopause meines Erachtens eine medizinische Versorgungsfrage – kein Produkt und kein Anstellungsbonus. Ich finde es lobenswert, dass Konzerne wie Vodafone sich des Themas annehmen, nur sollte das Ziel eine gleichwertige Beratung von geschultem Personal für *alle* Frauen, nicht nur für Mitarbeiterinnen ausgewählter Großkonzerne sein. Entsprechend wünsche ich mir, dass Beratungen von den gesetzlichen Krankenkassen übernommen werden. Dass Ärzt*innen im Studium besser geschult werden und Prävention mehr Relevanz in der Schulmedizin bekommt.

Trotzdem: Mir reicht's. Bis die Krankenkassen oder mein Konzern Menopausen-Beratung anbietet, bin ich vermutlich im Ruhestand. Ich werde nicht länger tatenlos nachts die Decke anstarren, Rosazea-Schübe aussitzen, und warten, bis meine schulterzuckende Frauenärztin selbst in die Perimenopause kommt. Keine Frau sollte wie eine Märtyrerin leiden, niemand wird mich heiligsprechen. Das Diesseits belohnt den weiblichen Leidensweg im Stillen nicht und, ganz ehrlich, das Jenseits mit ziemlicher Sicherheit auch nicht.

Wenn ich meine Befindlichkeiten trotz Ernährungsumstellung und Sport nicht in den Griff bekomme, muss ich die nationale Expertin fragen: Sheila de Liz. Immerhin betreibt die Gynäkologin und Bestsellerautorin eine Praxis in Wiesbaden, zwar privat, aber das bin ich mir wert. Ich schreibe eine E-Mail an ihre Praxis, ihre Assistentin ruft mich ein paar Tage später zurück. Ich schildere ihr meine Misere, und sie erbarmt sich meiner Beschwerden – und gibt mir einen Termin in sechs Monaten. Das stecke ich auch noch weg.

KAPITEL 13

Depressive Verstimmungen*

Der Wert der alten Frau: von unverschämten Lebensträumen, einem Besuch bei Dr. Sheila de Liz, neuen Rollenmodellen und Selbstbestimmung

Wenn Mirna Funk 60 Jahre alt ist, möchte sie auf einer Privatinsel in der Karibik mit diversen jungen Liebhabern wohnen. Die Insel besitzt sie selbst, das Geld hat sie mit ihrer Arbeit als Schriftstellerin und Meinungsmacherin verdient. In ihrem Insel-Szenario arbeitet Mirna natürlich gelegentlich noch. Aber: »Ich möchte niemand sein, der nicht abtreten kann«, sagt sie. Ihren Wohlstand braucht sie, um sich ein Leben zu finanzieren, das ihr die größtmögliche Selbstbestimmung ermöglicht: von Careworkern (Kinderbetreuung, Haushaltsmanagement etc.) bis zur medizinischen Versor-

* Teile dieses Kapitels stammen aus Interviews, die ich für *Harper's Bazaar* mit Cynthia Nixon, Isabelle Huppert und Alicia Keys geführt habe.

gung. Immer wieder hat Mirna betont, wie sehr sie das Leben liebt und jeden Tropfen davon auskosten möchte.

Schöne Vorstellung. Ich wäre schon mit der Toskana oder gar Mallorca zufrieden … Ich frage mich eher, wie meine Generation, in der Arbeit und Privates durch Homeoffice schon allein räumlich miteinander verschmelzen, überhaupt »in Rente gehen« kann. Wo will ich wohnen? Noch in der Stadt? Kann ich mir das in Zukunft noch leisten? Wie sieht das Leben in der Welt im Jahr 2042 überhaupt aus? Dann bin ich 65 Jahre alt. Die Themen Rentensicherheit und Pflegeversicherungen lasse ich an dieser Stelle außen vor. Mir geht es hier in erster Linie um Frauenbilder.

Welche Fantasien und Bilder bietet die westliche Welt denn Frauen nach den Wechseljahren, abgesehen von Apfelkuchen backen und Enkel*innenbespaßung? Die böse Alte, die im Bus schimpft? Die mächtige Witwe, die das Imperium ihres verstorbenen Mannes übernimmt? In der Serie *And Just Like That …*, der Fortsetzung von *Sex and the City* treffen wir Carrie (Sarah Jessica Parker), Charlotte (Kristin Davis) und Miranda (Cynthia Nixon) zwanzig Jahre später, mit Mitte Fünzig, wieder. Carrie ist verwitwet, Charlottes und Mirandas Kinder sind mittlerweile erwachsen. Während Charlottes und Carries Haare noch brünett und blond sind, ist Miranda grau geworden. Die Fortsetzung hat das Wort »Sex« aus dem Titel gestrichen. Dabei war sie Ende der 90er-Jahre die erste populäre Fernsehserie, die weibliche Sexualität offen thematisiert. Tatsächlich greift Carrie zum Gleitgel, sie sei »keine dreißig mehr«. Sex ist ab dem mittleren Alter jedoch kaum ohne das Klimakterium zu besprechen. Hier noch einmal ein paar Beispiele, inwiefern Hormonschwankungen das Sexleben beeinflussen: Libidoflaute, bedingt durch Testosteronmangel, Libidoüberschuss, bedingt durch zu viel Testosteron, und natürlich vulvovaginale Atrophie aufgrund von Östrogenmangel, ächz. Schon im zweiten Spielfilm zur Serie fielen Samantha Jones, der ältesten Dame im Quartett, die Hormon- und Vitamintabletten sprichwörtlich aus dem Mund. Bis auf zahlreiche Pinkel-Witze wird die Menopause in der Serie auf das ständige Ausrufen des eigenen Alters reduziert.

2020 habe ich mit Miranda Hobbs' Darstellerin, Cynthia Nixon, gesprochen. Die leibhaftige Cynthia ist glücklicherweise mindestens genauso *fabulous* wie ihr *Sex and the City*-Charakter. Nixon saß, damals 54 Jahre alt, ungeschminkt vor ihrem Haus in Montauk und sprach mit mir über Zoom:

»Natürlich macht die Tatsache, dass ich nicht mehr fruchtbar bin, einen großen Unterschied im Rollenangebot. Mütter, beispielsweise, liegen mittlerweile nicht mehr auf meinem Tisch.«

»Wie fühlt sich das an?«

»Gut! Ich finde Frauenrollen, die nichts mit Mutterschaft zu tun haben, komplexer und interessanter zu spielen.«

»Erleben Sie Diskriminierung aufgrund Ihres Alters?«

»Die Bevölkerung altert generell, deswegen gibt es glücklicherweise endlich mehr Interesse am Leben einer Fünfzig-, Sechzig-, Siebzig- oder Achtzigjährigen. Seit ich älter geworden bin, stelle ich tatsächlich fest, dass jüngere Menschen mir mit mehr Respekt gegenübertreten. Sie möchten wissen, wie es mir ergangen ist. An mir selbst sehe ich jetzt ein wachsendes Interesse an Frauen, die zwanzig Jahre älter sind als ich. Als ich selbst jung war, haben mich ältere Frauen nicht interessiert. Vielleicht war ich beeindruckt, aber jetzt, wenn ich eine sechzig- oder siebzigjährige Frau treffe, will ich unbedingt mit ihr sprechen. Weil ich jetzt abschätzen kann, was dieser Erfahrungsschatz ausmacht. Es gibt noch ziemlich viel Perspektive nach vorne.«

Wenn es nicht nur mehr ältere Frauen, sondern erfreulicherweise auch mehr ältere Frauen mit Geld gibt, bildet sich eine neue Zielgruppe: »*People go where the money goes*«, höre ich viele pragmatische Schauspielerinnen, Künstlerinnen und Schriftstellerinnen sagen, wenn man sie nach Veränderungen der Arbeitsbedingungen für ältere Frauen befragt. Demnach regelt der Markt das Diversitätsproblem des Westens.

Wie genau funktioniert das? In meiner Lebenszeit lässt sich das beispielhaft an der Repräsentation von asiatischen Models und Schauspieler*innen ablesen: Während meiner Kindheit war China ein geschlossener, kommunistischer Bauernstaat und Südkorea ein Entwicklungsland, lediglich Japan hatte Industrielandstatus in Ostasien. Die Repräsentation von asiatischen Menschen in westlichen Medien beschränkte sich damals auf das italienische Modehaus Benetton und Arthouse-Filme aus Hongkong. Mit dem rasanten wirtschaftlichen Aufstieg Chinas und Südkoreas wandelte sich das Bild. Seit asiatische Märkte viel Geld für beispielsweise Filme und Mode ausgeben, sehe ich immer häufiger Models und Schauspieler*innen, die aussehen wie ich. Hier ein paar Zahlen: Erst 2001 trat China in die Welthandelsorganisation ein. Die Wirtschaftskraft des Landes hat sich seit 1978 um das

48-fache erhöht, in Südkorea stieg das Pro-Kopf-Einkommen von 87 Dollar im Jahr 1962 auf durchschnittlich 31 500 Dollar im Jahr 2020. Der ostasiatische Markt ist mittlerweile kritisch für Kinoblockbuster oder auch Modefirmen, daher können asiatische Käufer*innen es sich leisten, eigene Avatare in der Popkultur zu erzwingen.

Ähnlich wird es Frauen über fünfzig mit eigenem Geld gehen: Auch sie werden zu einer relevanten Zielgruppe. Ältere Frauen wollen ihre Lebensrealität in Filmen und Serien sehen, Models in ihrem Alter, die Mode präsentieren. Ist das echte Veränderung oder nur ein weiterer marktorientierter Trend, der beizeiten vom nächsten abgelöst wird?

Isabelle Huppert, die französische Schauspielgöttin, die in Filmen wie *Die Klavierspielerin* oder *Liebe* von Michael Haneke ebenso meisterlich ihre Kunst zeigt wie in einer Folge der US-amerikanischen Serie *Law & Order: Special Victims Unit,* wurde 2017 im Alter von 64 Jahren für den Film *Elle* erstmals für einen Oscar nominiert. Sie erzählte mir im Gespräch:

»Ich habe keine Angst vor dem Altwerden: Meine Figur im Film *Alles was kommt* sagt: ›Mein Mann hat mich verlassen, meine Kinder sind aus dem Haus, und meine Mutter ist im Altersheim. Ich habe mich noch nie so frei gefühlt.‹ Freiheit ist ein unterschätzter Teil des Altwerdens. Meine drei Kinder sind erwachsen: Ich toure, ich bin für einen Golden Globe nominiert. Ich stehe mitten im Leben.«

Mitten im Leben und im Zentrum der eigenen Narrative. Wenn wir in ein paar Jahren die Geschichte der Angela Merkel erzählen, wird es sicherlich nicht vordergründig darum gehen, wie die junge Angela mit Joachim Sauer zusammenkam, sondern wie sie als erste deutsche Bundeskanzlerin 16 Jahre lang zum »moralischen Kompass« (*The Guardian*) der westlichen Welt wurde. Oder was ist hier die interessantere Geschichte: dass die junge Özlem an der Universitätsklinik Homburg den Ugur klargemacht hat oder dass eine mittelalte Dr. Türeci mit ihrem Mann und Partner Dr. Sahin das erste Vakzin gegen Corona entwickelt hat?

Die Antwort auf die Frage, ob diese außergewöhnlichen Erfolgsbiografien inspirieren oder nur noch mehr Druck auf Frauen ausüben, steht vielleicht noch aus. Der berühmte Anspruch, den Frauen an sich selbst stellen und der laut Anja Scherret schädlichen Dauerstress verursacht, funktioniert wie ein selbst gebauter Käfig. Hierzu nur so viel: Inspiration meint keinesfalls 100 Prozent Nachahmungswert. Mehr Biografien, mehr Lebensentwürfe sollten nicht als Druckmittel, sondern als Alternativen zu klassischen Bildern gesehen werden.

Hier möchte ich noch einmal eine prominente Frau um die vierzig zitieren: Alicia Keys. Die Sängerin und Mutter zweier Söhne ist mit einer Single Mom aufgewachsen und bereits als Teenagerin zu weltweitem Erfolg gekommen. Ihre Songs »Empire State of Mind Part II« und »Girl on Fire« waren globale Hits. 2020 hat sie im Alter von 39 Jahren das Unternehmen KEYS Soulcare gegründet, eine Hautpflegelinie, die Frauen helfen soll, Momente der Selbstliebe zu zelebrieren. Brauchen sie dafür wirklich Produkte?

»Frauen tun sich manchmal ziemlich schwer damit, Unterstützung anzunehmen, oder?«, frage ich Alicia Keys.

»Als ich jünger war, habe ich alles mit mir allein ausgemacht. Ich wollte auf übermenschliche Art und Weise mein Leben ohne Hilfe hinkriegen. Ich konnte nicht zugeben, wenn ich mich emotional total überfordert gefühlt habe. Ich musste lernen, ehrlich mit mir selbst zu sein, mir klarzumachen, dass es okay ist, mich auch mal nur um mich selbst zu kümmern.«

»Warum verhalten Frauen sich so?«

»Ich glaube, das hat ganz viel mit Schuldgefühlen zu tun. Außerdem spukt immer noch eine verquere gesellschaftliche Vorstellung in unseren Köpfen herum: Wer sich selbst opfert, wird heiliggesprochen. Wenn man alles allein hinkriegt, nichts in Anspruch nimmt und am Ende völlig ausgelaugt ist, erhält man als Frau gesellschaftliche Anerkennung.«

»Woher kommt diese Vorstellung?«, frage ich weiter.

»Wir haben sie von unseren Müttern übernommen, und die haben sie wiederum von ihren Müttern und so weiter. Seit Generationen wird dieses Bild weitergegeben. Dazu kommt natürlich, dass Frauen als die traditionell Fürsorglicheren ziemlich gut darin geworden sind, sich um andere zu kümmern.«

Mit ihrer Hautpflegelinie möchte Alicia Keys Frauen helfen, »Fenster« im Alltag für sich zu öffnen.

Ist das fadenscheinig? Reines Marketing? Oder benutzt Keys lediglich die Instrumente ihrer marktorientierten Kultur, um Veränderung herbeizuführen? Misst sich mein Wert als »alte Frau« dann nur noch an meinen Ersparnissen und dem Spielgeld, das ich für einen Topf Creme ausgeben kann?

Auch ich habe mir ein Stück Self-Care gekauft: einen Termin bei Sheila de Liz, Gynäkologin und Pionierin der Menopausen-Aufklärung. Ihren eigenen Bestseller *Woman on Fire* beschreibt sie im Vorwort als »dringend benötigtes, überfälliges Update« für die Wechseljahre, das Gleiche gilt natürlich auch für die Behandlung selbiger. In schmissiger Sprache erklärt sie, warum Hormonmangel den Körper so aus dem Gleichgewicht bringt. Außerdem erweitert de Liz den Symptomkatalog. Dazu gehören Beschwerden wie »Depressionen und andere seelische Störungen, Gelenkbeschwerden, Herzrhythmusstörungen, neurologische Erkrankungen, kuriose Hautbeschwerden«, die Frauen in ihren Vierzigern erleben. Selbst Tinnitus und Hörverlust schreibt sie dem Hormonverlust zu. Solche Symptome gehen weit über die Menopause Rating Scale hinaus. Die Forschung darüber, was das Ausbleiben von Geschlechtshormonen im Körper an Symptomen auslösen kann, steht noch ganz am Anfang.

Neueste Erkenntnisse geben de Liz recht. Ein Beispiel: Die Neurowissenschaftlerin Dr. Lisa Mosconi, Direktorin der Alzheimer's Prevention Clinic am Weill Cornell Medical College erforscht Alzheimer bei Frauen. Sie fand heraus, dass das Klimakterium Frauen anfälliger für die Demenzkrankheit Alzheimer macht. »Die Hormone haben einen großen Einfluss auf unsere Hirnfunktionen«, sagte Mosconi 2021 dem *Tagesspiegel,* »und beeinflussen die Art und Weise, wie unser Hirn altert. (...) Östrogen ist ein so missverstandenes Hormon. Es wurde lange Zeit als Sexualhormon abgestempelt, weil es in den Eierstöcken produziert wird, aber es macht so viel mehr. Erst 1992 wurde herausgefunden, dass dieses ›Sexualhormon‹ auch im Gehirn auffindbar ist. Tatsächlich hat Östrogen eine Reihe von Funktionen, die rein gar nichts mit der Fortpflanzung zu tun haben. Es agiert als Hauptregulator des weiblichen Gehirns – wie ein Orchesterdirigent.«

Die ganze biologische Tragweite des Klimakteriums verstehen wir mitunter also noch gar nicht. Die bisherige, von Männern dominierte Erforschung der Menopause beschränkt sich allein auf die Fortpflanzung, will heißen, auf das offensichtlichste Symptom, das Ausbleiben der Periode, und nicht auf globalere Auswirkungen des Hormonungleichgewichts im ganzen Körper. Sheila de Liz bezieht neueste Erkenntnisse mit ein und bietet gleichzeitig einen einfachen Behandlungsansatz: aufklären, erklären und, wenn der Leidensdruck zu hoch wird, behandeln, im Zweifel sogar prophylaktisch – wie bei vulvovaginaler Atrophie. Hier empfiehlt sie Beratung und Östrogensalbe, um die vaginale Gesundheit aufrechtzuerhalten.

Einige meiner Freundinnen halten de Liz' Buch *Woman on Fire* für eine pharmafreundliche Werbebroschüre à la Dr. Robert Wilson, nur dass die Autorin statt synthetischer Hormone halt bioidentische propagiert. Bioidentische Hormone werden aus Yamswurzel gewonnen und gleichen exakt den körpereigenen Hormonen. Von der Einnahme synthetischer Hormontabletten rät de Liz ab: Weil sie »aus körperfremden Molekülen bestehen, passen sie nicht perfekt auf die Hormonrezeptoren. Was im Volksmund als ›Hormontablette‹ bekannt ist, sind in Wahrheit keine menschlichen Hormone, sondern Kunstprodukte mit hormonähnlichen Wirkungen.«

Ich selbst fand die Furchtlosigkeit und Selbstverständlichkeit ihrer Erzählung tröstend. Mein Hautarzt und meine Ohrenärztin haben einen Zusammenhang zwischen Klimakterium und Rosazea beziehungsweise sich verstärkenden Ohrenproblemen von vornherein ausgeschlossen, de Liz scheint dieser Möglichkeit offener zu begegnen. Also setze ich mich hirnverbrannte fünf Stunden in den Zug und fahre zum Termin bei Sheila de Liz nach Wiesbaden.

Nicht nur bezahle ich die Anreise und die Behandlung, sondern lege auch noch die Kosten für eine Übernachtung im Hotel obendrauf, damit ich ausgeschlafen und pünktlich bei de Liz ankomme. Das wär's: Nach sechs Monaten Wartezeit den Termin zu verpassen, weil irgendein Zug Verspätung hat! In der S-Bahn zwischen Frankfurt und Wiesbaden am Abend vor meinem Termin frage ich mich, warum ich mir nicht einfach eine Ärztin in Berlin gesucht habe, die bioidentische Hormone verschreibt. Oder Heilpraktikerin Anja Scherret doch um einen »richtigen« Termin gebeten habe. Stattdessen steige ich in strömendem Regen in Wiesbaden-Ost aus der Bahn und stehe planlos im Dunkeln an einer Hauptstraße im Industriegebiet.

Als ich endlich ein Taxi erwische, bin ich völlig durchnässt, der Taxifahrer findet das lustig (»Eine Brücke ist gesperrt, deswegen ist der Hauptbahnhof gerade nicht an Frankfurt angeschlossen, haha«). Im Hotel ist das Restaurant geschlossen, der Concierge schlägt vor, ich könne mir per Lieferando etwas zu essen direkt aufs Zimmer bestellen. Ich scrolle durch die App, wäge Pizza um Pizza ab, gebe schließlich auf und esse den Apfel, den ich noch in meiner Tasche finde. Typisch:

Wenn ich mir mal etwas Gutes tun will, endet es in einer Pannenserie.

Und so geht es auch weiter: Ich kann nicht einschlafen und beginne, E-Mails zu beantworten. Irgendwann, nach zwei Uhr morgens, nicke ich ein und träume von Sheila de Liz. Hier arbeitet sie aus ihrem Haus heraus. Das Behandlungszimmer erinnert an ein 50er-Jahre-Wohnzimmer, mit gepolsterten Wänden. Überall liegen Stapel von Büchern und Zeitschriften herum. Ich bin ihr letzter Termin am Freitagnachmittag, ihre Assistentinnen verabschieden sich ins Wochenende. Sheila bringt ihr jüngstes Kind, ein sehr kleines Baby, in einem Waschkorb herein. Sie hat noch viel mehr Kinder. Ich zähle mindestens fünf und vier dazugehörige Väter. Irgendeins hat Geburtstag, überall steht Backwerk herum, vermutlich hätte ich doch irgendwas Gescheites zu Abend essen sollen. Ich frage mich, wo ich hier eine gynäkologische Untersuchung erwarten kann. Sheila wirkt sehr beschäftigt, ein paarmal fragt sie mich, warum ich immer noch da sei.

»Weil Sie mich doch noch untersuchen wollten …«, antworte ich, doch in diesem Moment ist sie schon wieder in der Küche bei ihren Kindern. Im Traum denke ich, dass ich so lange auf diesen Termin gewartet habe und so sehr gehofft hatte, endlich gehört und verstanden zu werden, dass ich nicht glauben kann, dass auch Sheila de Liz mir nicht zuhört. Irgendwann blickt sie auf, schaut mich an und sagt: »Es ist doch ganz klar, warum Sie all diese Beschwerden haben. Es ist Ihr Job. Sie arbeiten einfach zu viel.«

Der Wecker rettet mich. Es ist 8 : 30, mein echter Termin steht noch bevor. Ich fühle mich wie ein Teenager-Fangirl (perimenopausale Fan-Frau), ich bin allen Ernstes aufgeregt wegen eines Ärztinnen-Besuchs! Ich war noch nie in Wiesbaden, deswegen halte ich mein Handy wie einen Kompass, als wäre ich auf der Suche nach einem Schatz in dieser Stadt und nicht, um einer völlig fremden Frau meine Vulva zu zeigen. Laut Google Maps soll der Fußweg neun Minuten lang sein. Es ist zehn Uhr, das sollte in einer halben Stunde zu schaffen sein.

In einer Seitenstraße der Fußgängerzone, im zweiten Stock eines Ärztehauses, liegt die Praxis der amerikanischstämmigen Gynäkologin. Aus irgendeinem Grund hatte ich Räumlichkeiten wie aus einer Ärzte-Soap erwartet, doch tatsächlich macht de Liz' Praxis einen ziemlich bodenständigen und sympathischen Eindruck. Dies ist nicht nur mein erster Besuch bei einer prominenten Ärztin, sondern auch der erste Besuch in einer Privatpraxis. Ich bin gesetzlich versichert. Happy Perimenopause, Miriam!

Während ich im Wartezimmer sitze, denke ich, dass Assistentinnen in Arztpraxen die wahren Heldinnen des Alltags sind. All die Frauen, die im Vorzimmer meiner Hausärztin sitzen; all die Mitarbeiterinnen, die ich bei Arztbesuchen in den letzten Monaten beobachtet habe – beim pausenlosen Telefonieren, beim endlos geduldigen Zuhören und Wiederholen von Anweisungen – vollbringen Arbeitswunder. Ich würde durchdrehen und das alles keine Stunde aushalten – bei dauerklingelnden Telefonen und ungeduldigen Patienten. Maria, die Assistentin von Sheila de Liz, leiht mir ein Ladegerät, weil ich meins in Berlin vergessen habe und ohne Handy total aufgeschmissen wäre (ich hätte noch nicht mal hergefunden!).

Erwartungsgemäß treffe ich im Wartezimmer nur auf Frauen meiner Altersklasse. Während ich warte, dringt aus dem Behandlungszimmer lautes Gelächter, das höre ich zum ersten Mal in einer Arztpraxis. Immerhin, denke ich mir, scheint es auch im Klimakterium noch was zu lachen zu geben.

Dann steht die leibhaftige Sheila de Liz im (natürlich sehr medizinisch aussehenden) Behandlungszimmer. Erster Eindruck: Sie ist keine TV-Personality, sondern eine seriöse Ärztin. Ich habe einfach zu viele Serien geschaut.

»Was führt Sie denn heute zu mir?«, fragt sie freundlich.

Dann lege ich los. Die ganze Liste. Die bleierne Müdigkeit, die Gereiztheit, sogar das plazentagroße Blutstück kommen auf den Tisch. De Liz notiert sich meine Symptome und blickt mich überrascht an: »Das klingt aber unangenehm.«

Auch das große Blutstück will sie nicht als ganz normal hinnehmen.

Ich moniere die mangelnde Hilfeleistung meiner Gynäkologin in Berlin.

»Viele Kollege*innen haben nicht die Kapazitäten, sich mit solchen Symptomen auseinanderzusetzen«, erklärt de Liz, während sie meinen Unterleib ultraschallt. In der Gebärmutter findet sie ein paar Myome, gutartige Gewächse, aber »keine, die groß genug sind, um die starken Blutungen zu erklären«.

Die Behandlung bei de Liz dauert 45 Minuten. Die Ärztin nimmt mir Blut ab, um die Hormonwerte zu bestimmen und entsprechend gegenzusteuern. Vor Ort verschreibt sie mir bioidentisches Progesteron. Ich soll es ab dem 10. Tag des Zyklus nehmen, weil ich »vermutlich keine gescheiten Eisprünge mehr« habe. Ich muss an Theda Borde und ihre Studienteilnehmerin denken, die mit 75 noch ihre Tage hatte, weil sie seit zwanzig Jahren synthetische Hormone eingenommen hat.

»Aber von den bioidentischen Hormonen gibt es keine Nebenwirkungen, wie zum Beispiel, dass man seine Tage hat bis man über siebzig ist, oder?!«

»Oh Himmel, nein!«, antwortet de Liz. Sie spricht von einer Annäherung und einer Art Baukastensystem, in dem ich die Hormone dann einnehme, wenn ich eine Notwendigkeit dafür fühle. 90 Tabletten kosten 23 Euro, pro Zyklus nehme ich zehn ein. Das ist günstiger als ein Topf Creme von Alicia Keys. Wir verbleiben mit einem Telefontermin zur Auswertung meines Hormonspiegels. Auf dem Weg zum Bahnhof stelle ich fest, dass ich mich vermutlich noch nie von einem Arzt oder einer Ärztin so gesehen gefühlt habe. Vermutlich falle ich als bedürftige Patientin in eine Kinderrolle zurück: Aufmerksamkeit und Fürsorge sind an sich schon Medizin.

Nach ein paar Tagen der Hormoneinnahme schlafe ich tatsächlich besser. Ich wünschte wirklich, dass alle Frauen Zugang zu solch einer ärztlichen Versorgung hätten. Dass man Ärzt*innen ermöglichen könnte, sich mehr Zeit für Patient*innen zu nehmen. Mir ist bewusst, wie wertvoll das deutsche Krankenkassensystem in Sachen Versorgungsgerechtigkeit ist – viele Freundinnen in den USA haben noch nicht einmal eine schulterzuckende Frauenärztin, weil es überhaupt keine gesetzliche Vorsorge gibt. Trotzdem: Die Erforschung und Versorgung weiblicher Körper muss verbessert werden. Langfristig könnte das Krankenkassensystem durch Vorsorge sogar entlastet werden, wenn Herz-Kreislauf-Erkrankungen, Diabetes, psychischen Problemen, vielleicht sogar Alzheimer früher durch Beratung entgegengewirkt würde. Die Abwanderung besserverdienender Frauen zu Privatärztinnen verbessert die Versorgungslage für alle sicherlich nicht.

Immer wieder höre ich gebetsmühlenartig: In den nächsten Jahrzehnten werden mehr Frauen das mittlere und schließlich das letzte Drittel ihres Lebens erreichen. Damit ältere Frauen nicht mehr ins gesellschaftliche Abseits gedrängt werden können, muss sich auch ihr Selbstbild ändern. Letztendlich ist Altern in Würde und Gesundheit auch ein Privileg. Dafür braucht man furchtlose, mächtige Frauen wie Isabelle Huppert oder Cynthia Nixon als Vorbilder. Aber ich selbst kann auch etwas tun.

Ich dachte, ich versuche einfach mal etwas anderes. Eine »Neu-Entdeckung«, die über Badesalz und Mönchspfeffer, Italienreisen und Eiscremegelage, ja sogar über bioidentische Hormone hinausgeht. Man vergleicht das Klimakterium mit der Pubertät, der anderen gesellschaftlich berüchtigten Phase hormoneller Instabilität. Allerdings ist die pubertäre Coming-of-Age-Story, egal ob in Roman-, Film- oder Serienform, eine ausgesprochen beliebte Erzählform: Die Geschichte des Erwachsenwerdens, darüber, wie ein junger Mensch entgegen den elterlichen Erwartungen seinen eigenen Weg findet. Diese Erzählung ist charakteristisch für die Moderne, denn nur in unseren Zeiten können sich Jugendliche diesen Luxus überhaupt leisten.

Ich möchte jetzt eine Coming-of-Middle-Age- und dann auch eine Coming-of-Old-Age-Geschichte erfinden. Wie seinerzeit als Teenager will ich mir ausmalen, wer ich sein möchte, nur diesmal nicht als Erwachsene, sondern als Frau im letzten Lebensdrittel. Wie oft höre ich das: Wenn ich jetzt noch mal von vorne anfangen könnte, mit dem Wissen von heute …

Dafür brauche ich Fantasie und den Mut, auf Basis der eigenen Erfahrungen noch einmal richtig rumzuspinnen. Wie Frances McDormand.

Die Schauspielerin gewann 1997 im Alter von 40 Jahren einen Oscar für ihre Rolle der stoischen, gutmütigen und sehr schwangeren Polizistin Marge im Film *Fargo.* Diese Marge tat etwas, das einer hormondurchtränkten Schwangeren per Klischee eher selten zugetraut wird: Sie löste einen Mordfall. McDormand erzählte später in Interviews, dass sie nach ihrem Oscar-Gewinn zu ihrem Mann, dem Regisseur Joel Coen, sagte: »Wenn ich fünfundsechzig bin, ändere ich meinen Namen und nenne mich Fern, rauche Lucky Strikes, trinke Wild Turkey Whiskey, kaufe mir ein Wohnmobil und fahre einfach los!« (Übers. M.S.)

McDormand und Coen hatten damals einen einjährigen Sohn. Die Vorstellung, rauchend und trinkend durch den amerikanischen Westen zu ziehen, war für sie bestimmt kein naheliegendes Szenario. Doch McDormand verstand damals, dass es einen Teil in ihr gab, der weder Interesse am Kleinfamilien- noch am Filmstardasein hatte. Dass sich etwas in ihr nach Freiheit und Unabhängigkeit sehnte, gleichgültig, wie sehr die Welt um sie herum ihr das »perfekte« Leben aus Familie und Arbeit bescheinigte. Sie beschloss, diesen Teil von sich nicht zu unterdrücken oder gar lächerlich zu machen, sondern lediglich ein paar Jahre nach hinten zu schieben.

Mit 63 Jahren spielte sie im Film *Nomadland* eine Frau, die nach dem Tod ihres Mannes aus finanzieller Not in einen Van zieht und von Job zu Job durch den Westen der USA reist, vom Amazon-Pakete-Packen zu Weihnachten zum Campingplatzwart im Frühling und Sommer bis zur Zuckerrüben-Ernte im Herbst. Sie raucht Zigaretten und weigert sich, damit aufzuhören. Sie putzt Erbrochenes von Toiletten und schwimmt nackt mit Bauchfett und grauem Schamhaar im Fluss. Sie übernachtet bei Minusgraden auf dem Parkplatz einer Autobahnraststätte und trifft sich mit anderen Arbeitsnomaden über sechzig in der Wüste. An einer Stelle im Film gurgelt ihr Darm laut, und sie kackt in einen weißen Plastikeimer in ihrem dürftig zum Wohnmobil umgebauten Mini-Van, während sich, sichtlich vom Geruch konsterniert, die Dachluke öffnet. Der Film gewann den Goldenen Löwen von Venedig, den Golden Globe und den Oscar als besten Film – die wichtigsten Filmpreise der Welt. Der Name der Protagonistin ist Fern.

McDormand hat den Film selbst produziert und ihren Charakter Fern gemeinsam mit der Regisseurin Chloé Zhao entwickelt. Während der Dreharbeiten lebten sowohl McDormand als auch Zhao in selbst ausgebauten Vans. Ob die Schauspielerin auch im echten Leben ab und zu losfährt, ist nicht bekannt. Jedenfalls hat sie die ganz eigene Midlife-

Fantasie ihres 65-jährigen Ichs ausgelebt, auch wenn sie, anders als die echten Arbeitsnomad*innen, die Möglichkeit hatte, wieder in ihr privilegiertes Leben zurückzukehren.

Natürlich wurde Ferns Aufstieg in den Kanon ausgezeichneter Filme nicht kritiklos hingenommen. Der Comedian Bill Maher ätzte in seiner Show *Real Time with Bill Maher* wenige Tage nach der Preisverleihung: »Ein neues Mädel ist in der Stadt, und sie scheißt in einen Eimer. Wir finden's ja toll, dass sie im Van herumreist, aber kann sie beim nächsten Mal bitte neunzehn Jahre alt sein und hot?«

Maher selbst ist 1956 geboren, damit ein Jahr älter als McDormand und zu diesem Zeitpunkt jugendliche 65 Jahre alt. Über seine »Hotness« zu urteilen verkneife ich mir an dieser Stelle. Das wäre ja – huch – sexistisch. Ein realistischer Blick auf Frauen jenseits der fünfzig disqualifiziert einen Film als Entertainment – für Maher jedenfalls. Ich hingegen fühlte mich ziemlich gut von *Nomadland* unterhalten, von der Kompromisslosigkeit des filmischen Blickes auf ältere Frauen in prekären Situationen, die – ebenso kompromisslos – ihr Leben für sich definieren. Sich in einem Augenblick von Trauer, Abschied und Verlust tatsächlich neu erfinden.

Der Alltag von Frauen jenseits der Menopause sieht, wie das Klimakterium selbst, für jede Einzelne anders aus. Deswegen ist es an jeder von uns, ihre eigene Vision für die zweite Lebenshälfte zu entwickeln. Ob und wie man sie verwirklicht, ist dabei vielleicht gar nicht so wichtig. Erst mal zählt nur, dass man sich überhaupt erdreistet, eine Vision zu haben und sie auch zu formulieren. Die Sheela-na-Gig-Figuren haben mir gezeigt, dass Frauenkörper auch ohne Sex und Fruchtbarkeit mächtig sein können.

Das Geschenk der Frauen, die sich in den Jahrzehnten vor mir für Gleichberechtigung eingesetzt haben, ist, dass ich mich heute nicht mehr »elegant zurückziehen« muss, wie man es Frauen ab dem mittleren Alter vor gar nicht langer Zeit noch nahelegte. Neulich habe ich mit einer Freundin darüber gesprochen, welcher Altersgruppe in Deutschland eigentlich die meiste Kompetenz zugesprochen wird. Mittelalten und alten Frauen definitiv nicht. Junge Frauen, junge Menschen insgesamt, werden als tendenziell unerfahren bezeichnet. Sind also wirklich nur mittelalte Männer kompetent?

Angela Merkel wurde 2005 mit 51 Jahren die erste deutsche Kanzlerin. Zur Wiederwahl 2009 titulierte das Satire-Magazin *Titantic* »Merkel in der Menopause« und zeigt die damals 55-Jährige mit Damenbart und verschwitztem roten Gesicht – ein zu plumper Witz, besonders für Merkel, die niemals offensichtlich gereizt reagierte.

Wer wäre ich also gern, wenn ich 65 bin? Eine gesunde, unabhängige Frau innerhalb einer Horde, einer Gruppe Menschen. Ich wünsche mir, dass meine Beziehung hält, möchte aber nicht zusammen mit meinem Partner als Paar allein altern. Ich wünsche meinem 65-jährigen Ich Gemeinschaft, kein Haus für mich, sondern ein eigenes Zimmer in einem Haus mit Freunden. Stünde dieses Haus irgendwo in der Sonne – ich sagte dazu sicherlich nicht Nein.

KAPITEL 14

Einsamkeit

Neue Chancen: eine Innenarchitektin im leeren Nest und die Macht von Ritualen

Vor der Schule steht die Mutter eines Klassenkameraden meines Sohnes. Aus der Ferne sieht sie aus wie immer – groß, aufrecht, hübsch. Doch je näher ich komme, desto deutlicher sehe ich rote Augen, rissige Lippen und ein dickes Herpesbläschen an der Oberlippe.

»Ist alles in Ordnung? Du siehst ein bisschen müde aus«, frage ich.

Ihre Augen füllen sich sofort mit Tränen. Ich will im Erdboden versinken. »Du kannst aber auch keine Betrachtung für dich behalten«, meinte mein Mann neulich.

»Max spricht nicht mehr mit mir!«, bricht es aus ihr heraus, und sie wischt sich die Tränen aus den Augen. Max ist ihr jüngster Sohn.

»Er hockt nur noch in seinem Zimmer. Er kommt gar nicht mehr raus. Wenn ich es wage, meinen Kopf hineinzustecken, schlägt mir ein Blick voller Verachtung entgegen. Und Anton studiert jetzt in Köln. Er hat die ganze Woche noch nicht angerufen. Eigentlich müsste ich jetzt ins Büro, aber so will mich da ja auch keiner haben!«

Sie erzählt, wie sie jeden Tag in ihrem Homeoffice sitzt und Wohnungen für die Bedürfnisse junger Familien entwirft – sie arbeitet als Innenarchitektin. Die knapp zwei Jahre zuvor verbrachte die ganze Familie zusammen in Homeoffice/Homeschooling, nun fällt sie von der Belagerung in die Einsamkeit, hört einen Podcast nach dem anderen, um der Stille in der Wohnung zu entgehen.

»Dann hänge ich wie eine Glucke an der Tür, wenn Max aus der Schule kommt, als hinge mein verdammtes Lebensglück an einem Funken Aufmerksamkeit von meinem Sohn! Geht's noch bedürftiger? Überhaupt dieser ganze Work-Life-Balance-Bullshit – als hätte ich irgendeine Kontrolle über diese ›Balance‹! Während des Lockdowns saß mein ›Leben‹ wie ein gigantischer Elefantenarsch auf meiner ›Arbeit‹, und jetzt soll die ›Arbeit‹ plötzlich das Loch ausfüllen, das das ›Leben‹ hinterlässt, während mein kleiner Sohn Pickel kriegt, aufmüpfig wird, seine dreckigen Socken rumliegen lässt und schließlich wie sein großer Bruder auszieht!«

Die Anthropologin Margaret Lock identifiziert in ihrem Buch *Encounters with Aging* unsere moderne fragmentierte Gesellschaft als einen Grund für stärkere Beschwerden im Klimakterium. Ich glaube zwar nicht, dass eine Rückkehr in die bäuerliche Großfamilie den Einsamkeitsgefühlen von Müttern mit pubertierenden Kindern zuträglich wäre (»Ich bin total froh, dass meine 450 Kilometer entfernte Mutter noch wunderbar gesund und selbstständig ist!«, erklärt die Innenarchitektin voller Erleichterung), aber die Reduzierung der Kleinfamilie aufs Ehepaar und dann auf Einzelpersonen finde ich auch deprimierend. Am Ende dieses Lebensentwurfs sitzen Witwen und Witwer vereinzelt bestenfalls allein in ihren Wohnungen und Häusern und schlimmstenfalls im Altenheim.

Die Auswirkungen, die das Sozialleben auf das Klimakterium hat, sind ebenso wichtig wie Hormongabe, Ernährung und Sport. Erhebungen haben ergeben, dass einsame oder gar sozial isoliert lebende Menschen früher sterben als solche, die Kontakt zu ihren Freunden halten. Die Definition von Sozialleben geht dabei über eine Partnerschaft hinaus. Nicht in Zweier- oder meinetwegen auch Dreier- oder Viererkonstellationen werden Menschen am ältesten, sondern in möglichst vielseitigen sozialen Kreisen. Eine Studie bestätigt, dass Menschen – ob nun in Paarkonstellationen, Kernfamilien oder in Freundeskreisen – sich einander angleichen. Einfacher ausgedrückt: Wenn meine Peergroup am liebsten vor Netflix hockt, Chips isst, Bier trinkt und raucht, ist die Wahrscheinlichkeit ziemlich hoch, dass ich das auch mache. Wenn meine Peergroup hingegen gern wandern geht, im Garten Gemüse anbaut und selbst gemachte Limo zu Tofuwürsten trinkt, werde ich vermutlich auch irgendwann Tofu und Limo bevorzugen. Nicht, weil ich eine Mitläuferin bin, sondern weil ich mir meine Peergroup aus gerade diesen Gründen ausgesucht habe – weil wir ähnliche Themen und Interessen haben.

Theda Borde erzählte mir, dass viele Frauen aus der ersten Generation der Gastarbeiterinnen während des Klimakteriums über Einsamkeitsfragen und das Empty-Nest-Syndrom in Lebenskrisen gerieten. Offensichtlich gibt es das auch bei deutschen Innenarchitektinnen.

Vermutlich ist es gleichgültig, wie stark man physisch und psychisch ist: Massive Veränderungen wie erwachsen werdende Kinder, zerbrechende Beziehungen oder die Erkenntnis, dass der viel diskutierte Job vielleicht doch eher einem monatlichen Geldautomaten gleicht als unserer Selbstverwirklichung dient, steckt man nicht einfach weg. Wer träumt denn schon mit 17 von einem 35-jährigen Arbeitsleben im mittleren Management und einem Alltag in komplizierten Patchworkfamilien? Von Vätern, die Mütter überleben und noch mal neu heiraten? Von Eltern, die als Pflegefälle selbst bemuttert werden müssen? Für die eigene mentale Gesundheit halte ich es für wichtig, Krisenzeiten als normalen Teil des Lebens einzuordnen – blöd gesagt gleicht das Leben keiner romantischen Komödie, sondern eher einem kosmischen Chaoshaufen. Natürlich wird auch mein Sohn erwachsen, auch er wird mir eines Tages die Tür vor der Nase zuknallen. Schon jetzt merke ich, dass er mehr Wert auf die Gesellschaft seiner Freunde als auf meine legt.

Leider duldet die westliche Gegenwart keine länger anhaltenden Krisen. Momente der Verzweiflung poppen auf und werden bestenfalls therapiert und behandelt, schlimmstenfalls verdrängt oder betäubt. Langes Leiden ist in der linearen Erzählung unserer Zeit nicht vorgesehen. »Bald geht's dir wieder besser« ist der Schlachtruf, den ich höre, wenn ich nicht aus dem Bett komme, wenn ich keine klaren Gedanken fassen kann, wenn ich meinen Körper nicht liebhaben und meine Fehlentscheidungen nicht annehmen kann. Man vermutet einen irrlichternden Tag, hofft auf einen chemischen Zufall: Nichts, das sich nicht irgendwie niederringen ließe. Nur ist das Klimakterium leider kein schlechter Tag, sondern mitunter eine ziemlich lange Reihe schlechter Tage. Selbst mit Hormonbehandlung bleiben die Veränderungen im eigenen Körper präsent.

Was, wenn ich nicht allein wäre mit meinem struppigen, alternden Körper? Wenn ich all die Informationen, all die Gespräche, die ich für dieses Buch geführt habe, mir nicht hätte erarbeiten müssen, sondern bereits über das Wissen verfügt hätte? Wenn nicht durch meine Mutter, dann vielleicht durch andere Frauen? Was, wenn ich ein Fest geben könnte und mich, mit all meinen Megaperioden, meinen ausfallenden Haaren und meinen Wutausbrüchen feiern statt wegdrücken dürfte? Wenn ich nach eineinhalb Gläsern Weinschorle schwindelig und ohne Scham betrunken in den Schoß der anderen Frauen fallen könnte? Wenn mein klimakterischer Polterabend keine Fantasie bliebe, sondern Wirklichkeit würde?

Die Hongkong-chinesische Theologin Neky Cheung hat eine faszinierende Entdeckung im Südwesten Chinas gemacht. In der Stadt Ninghua in der Provinz Fujian stieß sie bei Recherchen über buddhistische Rituale in ländlichen Gebieten Chinas auf eines speziell für Frauen im Klimakterium. An insgesamt vier solcher Rituale nahm die Wissenschaftlerin teil. Sie aß und trank mit den Frauen, sie sprach mit den

Handwerker*innen, die ihre Schuhe und Kleider herstellten. Das Ritual besteht aus der Übergabe der Gebetsperlen, einer Geschenkzeremonie und einem traditionellen Bankettessen. Während des Jiezhu-Rituals werden Gottheiten herbeigerufen, und es wird die »Tür zu Buddhas Reich« geöffnet. Das Fest dauert mehrere Tage an und schließt ein religiöses Ritual bei Sonnenuntergang und eines bei Sonnenaufgang ein. Das Hochzeitsbankett wird wiederholt, Bilder von Meilensteinen aus dem bisherigen Leben – als Tochter, als Ehefrau – werden ausgetauscht und Wünsche notiert. Je rauschender das Fest ist und je länger es anhält, desto größer wird der Respekt der Kommune gegenüber der Frau ausfallen.

Das Ritual selbst entstammt der chinesisch-konfuzianischen Tradition, einer schwer patriarchalen Gesellschaftsordnung, wonach sich das Frausein über die Beziehung zur männlichen Dreifaltigkeit definiert: dem Vater, dem Ehemann und dem Sohn. Ein Frauenleben besteht in China somit aus drei Teilen: von der Geburt zur Heirat (als Tochter), dem Eheleben (als Ehefrau) und schließlich dem Alter (als Mutter). Überflüssig zu erwähnen, dass dieses Lebensbild aus »Bindung und Unterwürfigkeit« seit dem Beginn der Moderne bröckelt und zu Recht massiv infrage gestellt wird.

»Trotzdem überleben patriarchale Familienwerte in China, vor allem in ländlichen Regionen«, so Cheung. »Ehe und das Großziehen eines Stammhalters gelten immer noch als Ideal für viele chinesische Frauen.«

Neky Cheung hat ein Buch über ihre Forschungen geschrieben, in dem sie berichtet, dass das Ritual vermutlich eingeführt wurde, um die Keuschheit von Witwen zu initiieren, ein Reinheitsritual, um Frauen von der »Verschmutzung«

der Menstruation reinzuwaschen – das klingt alles andere als feministisch. Trotzdem, so bilanziert sie, ist der Nutzen für die Frauen immens:

»Meiner Meinung nach hat ein solches Ritual therapeutische Wirkung. Die Jiezhu-Frau geht durch eine Phase, in der sie die Veränderung ihrer Rolle und Identität als ›Lebensgeberin‹ (Mutter) mit dem Ende ihrer Fortpflanzungsfähigkeit akzeptieren lernen muss«, schreibt Cheung. »Das Ritual verleiht der Frau sowohl öffentlich als auch privat Bedeutung. Es hilft ihr, den physischen und psychischen Schwierigkeiten der Wechseljahre ins Gesicht zu schauen. Denn Riten können Erinnerungen und Fantasie miteinander verbinden. Das Ritual erlaubt ihr, sich zwischen der Vergangenheit, der Gegenwart und der Zukunft zu bewegen. Es stellt das Mädchen- und Frausein und die Hochzeit nach, die eigene Beerdigung wird geprobt. Die Frau kann ihre eigenen Trauerriten ›bezeugen‹, sich ihrer persönlichen Besitztümer entledigen, indem sie symbolisch für die Unterwelt verbrannt werden.«

»Moment, ist das nicht makaber? Dass eine Frau ihr eigenes Totenkleid ›anprobiert‹?«, frage ich Neky Cheung per Mail.

»Nein«, antwortet die Theologin, »die Frauen, die ich interviewt habe, freuten sich sogar, dass sie nicht ›unvorbereitet‹ in ihren Tod gehen. Sie glauben, dass sie, wenn sie ihr Totenkleid tragen, den Wächter der Unterwelt überlisten und somit die Ängste, die eine sterbende Person überkommen sollen, umgehen können.« Prävention hilft in China offensichtlich sogar gegen die Angst vor dem Tod.

Neky Cheung arbeitet an der Chinesischen Universität in Hongkong. Sie studierte in Kanada und Hongkong, ihr Forschungsgebiet sind Frauen und Frauenbilder in asiatischen Religionen. Neben dem Jiezhu untersuchte sie noch ein anderes Ritual: die Rettung der Seelen aus dem »Blutsee«. Hier werden die Seelen von Frauen, die im Kindbett starben und in den *xue hu*, den »Blutsee« der Unterwelt, verdammt wurden, von einer Gruppe ihnen nahestehender Frauen durch ein Ritual gerettet. Gefüllt ist dieser »Blutsee« übrigens mit Menstruationsblut und dem Blut, das Frauen während der Geburt verlieren. Wie viel Furcht müssen Männer vor Gebärenden im Altertum gehabt haben, dass sie sich einen Höllensee aus Periodenblut ausgedacht haben?!

Während des Wechseljahr-Rituals geht es glücklicherweise weniger blutig zu. So soll die Frau spirituelle Kraft sammeln, um den menopausalen Stress zu lindern und Werkzeuge gegen die Angst vor dem Tod zu entwickeln – wie einleuchtend. Außerdem bekommt sie eine neue Identität, sogar einen neuen Namen, denn sie darf jetzt »Amituofo«, die reine Sprache Buddhas, empfangen und ist Teil der buddhistischen Nianfo-Gesellschaft. In der religiösen Gesellschaftsordnung ist sie aufgestiegen.

Das Jiezhu-Ritual feiert die Krise für Frauen und nimmt sie zum Anlass, ihren Status zu verbessern. Aber es gibt auch Abstriche:

Wird eine Frau nach dem Ritual schwanger, muss sie es nochmals durchführen. Interessant ist, dass die Frauen, die bereits Jiezhu durchlaufen haben, füreinander da sind, um die Symptome und Schwierigkeiten des Klimakteriums gemeinsam zu bestehen. Cheung beschreibt das Fest als Geschenk der Frauen »an sich selbst«. Sie lobt das Gemeinschaftserlebnis, den gemeinschaftlichen Umgang mit der schwierigen Phase des Klimakteriums.

Diese Schwesternschaft heißt »Peng«.

»Das Peng ist eine soziale Gemeinschaft, in die man durch das Aufnahmeritual aufgenommen wird«, erzählt die Professorin, »der neu aufgenommenen Frau wird eine neue Identität als Mitglied des ›Peng‹ zuteil. Im Gegenzug für die Annahme der Verdienste und der neuen Identität muss die Neue Pflichten im Peng übernehmen: Dazu gehört, den Jiezhu-Ritualen neuer Mitglieder beizuwohnen und das jährliche buddhistische Nianfo-Ritual der Mitglieder zu organisieren.«

Neky Cheung findet diese Rituale heute wichtiger denn je: Sie verleihen den Frauen, obgleich die Feiern selbst auch paterlinear geprägt sind, eine bessere Stellung in der Gesellschaft. Menopausale und postmenopausale Frauen steigen in der buddhistischen Hierarchie auf, das Peng bietet sozialen Rückhalt und Gemeinschaft.

Cheungs Forschungsergebnisse bestätigen meine lang gehegte Vermutung, dass Frauenriten und Frauengemeinschaften durch die gesamte Menschheitsgeschichte existiert haben. Wie das Ritual der Jiezhu waren sie in der patriarchalen Gesellschaft verankert, doch sie gaben Frauen den Raum, soziale Bünde einzugehen. Natürlich ersetzen Respekt, Freundschaft und Gemeinschaft keine Gleichberechtigung, verändern aber das Bild der Frau als Teil eines Ehepaars. Vielleicht waren solche Gemeinschaften als Wäschewaschen am Fluss und gemeinsames Brotbacken getarnt, vielleicht fanden sie nachts statt, wenn die Männer in den Kneipen und Spelunken Entspannung suchten, vielleicht haben Ammen, Hebammen, Krankenschwestern, Hausmägde und Serviererinnen, Strickerinnen, Weberinnen oder Köchinnen – vermeintlich unsichtbare, einfache Frauen – Gesprächsrunden initiiert, die Austausch und die Weitergabe von Wissen ermöglichten. Dass Frauen keine Gemeinschaften bilden können, dass sie zickig und illoyal sind und ständig um Männer konkurrieren, halte ich für ein männliches Konstrukt, um Ehefrauen zu Hause zu isolieren.

Über Jahrhunderte wurde Geschichte von einer kleinen Gruppe von Männern geschrieben. Sollte es weibliche Riten und Gemeinschaften gegeben haben, waren diese schlichtweg zu wenig relevant für Historiker und Forscher, um sie zu dokumentieren. Vermutlich wurden sie als »Weiberkram« abgestempelt, verboten oder schlimmstenfalls (wie im Falle der Hexenverfolgung) kriminalisiert.

Zwei männliche Professoren haben in der Provinz Fujian geforscht und sind über ein Ritual zur Menopause gestolpert, weiter interessiert hat es sie nicht. Erst eine Frau, Neky Cheung, erkannte das wissenschaftliche Potenzial des Jiezhu-Rituals.

»Die meisten Frauen, die ich interviewt habe, waren nicht zufrieden mit ihrer Lebenssituation«, erzählt Cheung, »nicht, weil sie nicht berufstätig sind oder zu viel Hausarbeit machen müssen, sondern weil sie überwiegend ihre anstrengenden Ehemänner ertragen müssen. Kaum eine Ehe hat das gehalten, was sie versprochen hat – Erfüllung. Nun beten sie für mehr Glück im nächsten Leben – für einen besseren Ehemann.«

Würde ich beten, dann für mehr Gemeinschaft. Dafür, dass ich Kontakt zu all den namenlosen Frauen aufbauen kann – hier und in Südkorea –, die einst zwischen Blutsee-Verwünschungen und unbefriedigenden Ehemännern im Verbund mit anderen Frauen Weisheit und vielleicht ein Stück Glück gefunden haben. Dass sie mir beibringen, wie ich das wiederbeleben kann: die tiefe Verbundenheit, den Halt und die Freundschaft.

KAPITEL 15

Hitzewallungen

Perspektivenwechsel: über Joni Mitchell, die Schönheit der Erfahrung, die Energie der Veränderung und die Hoffnung, einigermaßen gesund zu bleiben

1967 saß die damals 24-jährige Singer-Songwriterin Joni Mitchell im Flieger und las den Roman *Der Regenkönig* von Saul Bellow. Wie die Sängerin selbst saß auch der Protagonist des Romans im Flugzeug und betrachtete die Wolken: In einem Zeitalter, in dem Menschen in der Lage sind, die Wolken von oben und von unten zu betrachten, sollten sie keine Angst mehr vorm Sterben haben, schreibt Bellow.

»Ich habe das Buch zur Seite gelegt und fing sofort an, den Song ›Both Sides, Now‹ zu schreiben. Ich hatte keine Ahnung, wie erfolgreich er werden würde«, erzählte Mitchell die Entstehungsgeschichte ihres Liedes. Es wurde zu einem amerikanischen Klassiker, einem der meistgecoverten Popsongs des 20. Jahrhunderts. Selbst Sinatra nahm eine Version auf.

33 Jahre später nahm die zu dem Zeitpunkt 57-jährige Joni Mitchell ihren Song noch einmal auf. Ihre Stimme verwandelte sich in der Zwischenzeit von einem mädchenhaften Sopran in die tiefe, reife Alt-Stimme einer Frau, die im sechsten Jahrzehnt ihres Lebens steht. Gewappnet mit über einem halben Jahrhundert Lebenserfahrung und einem ganzen Orchester im Rücken sang sie noch einmal von den beiden Seiten der Wolken, von der Liebe und vom Leben – jetzt aber nicht mehr mit der Unbedarftheit einer jungen Frau, sondern als eine, die tatsächlich beide Seiten gesehen, gelebt und überstanden hatte. Schön sah sie aus, etwas schwerer, oder besser gesagt gewichtiger als früher, stand sie während der Live-Show auf der Bühne – passend zur Gravitas ihrer Performance: In knapp sechs Minuten gelang es ihr, das Leben selbst in einem Werk auf den Punkt zu bringen.

Die Geschichte bezeichnet diese Sternstunden als »künstlerisches Genie«, und es wird zumeist Männern zugeschrieben. Und, in diesem Fall, Joni Mitchell: Ihr 24-jähriges Selbst schrieb sich ein Lied, das sie als 57-jährige Frau formvollendet performen konnte. Zuhörer*innen erleben geradezu transzendente Momente mit dem Song: »Die Atome in meinem Körper haben sich neu zusammengesetzt. Nichts wird so sein wie vorher«, schreibt ein Fan. Ich kenne das Gefühl – wenn einen die eigenen Emotionen überwältigen, Besitz von jeder einzelnen Körperzelle ergreifen. Die Zeit steht still.

Die junge Mitchell schrieb einen Hit. Mit dem gleichen Stück gelingt es ihr quasi postmenopausal, Zeit und Raum für einen Moment anzuhalten. Jetzt muss sie nicht mehr süß sein, keinen Radiohit mehr verkaufen, sondern nur noch künstlerisch und emotional überzeugen. Die Fragilität ihrer jungen Sopranstimme ist einem geerdeten Alt gewichen. Was einst nach Versprechen klang, ist in der späteren Version Erfüllung und vor allem das ultimative Akzeptieren des eigenen Selbst geworden und auch der Tatsache, dass es vermutlich keine endgültigen Lösungen für die großen Fragen des Lebens gibt, sondern nur kurze Momente der Wahrheit. (*I've looked at life from both sides now/ from win and loose and still somehow/ it's life's reflections I recall/ I really don't know life at all*).

Beide Versionen des Songs, die von 1969 und 2000, sind Zeugen eines künstlerischen und persönlichen Reifeprozesses. Sie repräsentieren zwei Seiten eines Frauenlebens: die junge, talentierte, energiegeladene Frau, die in wenigen Stunden einen der erfolgreichsten Songs des 20. Jahrhunderts schreibt; und die mittelalte Frau, die tatsächlich reflektieren kann, was es heißt, zwei Seiten der Liebe und des Lebens vermutlich mehr als einmal zu erleben. Wert sind sie gleich viel.

Im Englischen nennt man das Klimakterium auch *the change*, zu Deutsch Veränderung, Wende, Abänderung oder auch Umstellung. Wie Pubertät und Schwangerschaft ist auch diese Umstellung eine biologische, eine, die der Körper ganz ohne Einwilligung meines Bewusstseins vornimmt. Im Gegensatz zur Pubertät, die mir ein hoffentlich glorioses Erwachsenenleben suggeriert, und der Schwangerschaft, an deren Ende ich ein Kind haben werde, verspricht das Klimakterium Altwerden und Tod. Interessante Schlussfolgerung, wenn man die

Lebenserwartung von Frauen in Industrienationen bedenkt. Zwischen *change* und Tod liegen vierzig Jahre.

Allgemein werden Veränderungen als etwas Positives gewertet, etwas Notwendiges: Neue Synapsen im Kopf werden zusammengefügt, neue Perspektiven eingenommen, Veränderungen sind angeblich gut für meine psychische Gesundheit – sprichwörtlich: Psychologen von der New York University und der University of Miami haben herausgefunden, dass Menschen, die sich räumlichen Veränderungen aussetzen, glücklicher, offener, entspannter und aufmerksamer sind.

Aber ich spüre tatsächlich mit zunehmendem Alter noch etwas anderes: Angst vor Veränderungen. Am Abend vor Reisen beispielsweise erfinde ich Hunderte von Ausreden, warum ich nicht reisen mag. Das war nicht immer so. Mit 16 ging ich zum Schüleraustausch in die USA, ohne die Sprache zu sprechen, mit Anfang zwanzig zog ich nach London, ohne dort eine Menschenseele zu kennen. Damals fühlte es sich so an, als würde ich mich mit der radikalen Veränderung meines Umfelds auflösen und vor Ort neu zusammensetzen.

So viel Mut oder Energie bekomme ich mittlerweile kaum noch zusammen. Manchmal ertappe ich mich sogar dabei, selbst die kleine Veränderung, nur aus dem Haus zu gehen, schon anstrengend zu finden. Ich lebe seit Jahren und Jahrzehnten nicht nur mit demselben Freundeskreis, sondern auch mit denselben Kleidern, Möbeln und Dingen. Ich habe keine Probleme damit, Zeug wie Papiere, alte Magazine, selbst Bücher oder kaputte Kleider wegzuschmeißen, aber ich kenne kaum das Bedürfnis, mich beispielsweise neu einzurichten. Ich stelle fest, dass ich gar nicht so spontan und flexibel bin, wie ich mich gern sehen würde. Im Gegenteil: Je älter ich wurde, desto mehr verwandelte ich mich in ein Gewohnheitstier, das sich dann in Sicherheit wähnt, wenn die Dinge mehr oder weniger so bleiben, wie sie sind.

Um diese Sicherheit zu garantieren, habe ich mir ein schönes Netz aufgebaut, ein »Kartenhaus«, wie Mirna Funk sagte, in dem ich wie eine Strategin beim Schachspiel immer zwei Schritte vorausdenke, um die Kontrolle zu behalten. Wenn ich genug schöne Ausflüge am Wochenende oder in den Ferien plane, ist die Wahrscheinlichkeit, dass die Freizeit langweilig wird, geringer, als wenn ich nichts vorplane. Wenn ich anfange, meine Finanzen zu organisieren, ist die Wahrscheinlichkeit größer, dass ich nicht wieder arm werde. Wenn ich mich gesund ernähre und 10 000 Schritte pro Tag zurücklege, ist die Wahrscheinlichkeit geringer, dass ich krank werde.

Nur funktioniert das Klimakterium so nicht. Meine Eierstöcke und Hormone interessieren sich nicht für mein Wunschdenken, alles reparieren zu können. Egal, wie proaktiv ich die Sache angehe, ob ich eine Nacht erholsamen Schlaf bekomme, kann ich trotz Schlafhygiene letztendlich nicht steuern. Bioidentische Hormone helfen bei mir gegen den Haarausfall, die Hautprobleme, die Mega-Perioden, aber sie bewahren mich nicht vor PMS oder Müdigkeit, sie machen das Ganze nur wesentlich erträglicher.

Wie übersteht man also eine massive Veränderung, die man sich nicht ausgesucht hat und auch nicht kontrollieren kann in einer Zeit, in der einem ständig suggeriert wird, alles kontrollieren und beheben zu können? Anja Scherret sagte, sie wolle nicht behaupten, dass sie gestresster sei, als ihre Mutter es als Hausfrau war. Aber vielleicht wurde Anjas Mama nicht suggeriert, alle Probleme lösen zu können, wenn sie nur hart genug arbeitete und genug Geld investierte. Im Umkehrschluss heißt das, dass heute Probleme, die ungelöst bleiben, Teil des eigenen Unvermögens werden: Dann scheitere ich an meinem Körper, meinem Frausein.

Fürchte ich das Klimakterium, weil ich mit der Fruchtbarkeit meine Jugend verliere? Weil ich die Abhängigkeit von meinem alternden Körper fürchte, obwohl ich die Abhängigkeit von den Klischees des Frauenkörpers mein Leben lang gewohnt bin? Tausche ich eine Fremdbestimmung gegen die nächste, oder habe ich endlich die Möglichkeit, mich zwischen Gebrechen und Befindlichkeiten der Freiheit anzunähern, die allen Menschen zuteilwerden sollte?

Vermutlich stehen Medizin und Kulturgeschichte gerade erst am Anfang einer Entwicklung, die versucht, das weibliche Leben in Gänze zu betrachten. Mehr Forschungsergebnisse versprechen mehr Freiheit im Alltag. Dieses Versprechen halte ich für tricky, denn viele Freiheitsbekundungen unterliegen unterschwelliger Fremdbestimmung: Die angeblich selbstverwirklichende Arbeit stellt sich nach 25 Jahren doch als Abhängigkeitsverhältnis heraus. Liebesbeziehungen, die Glück verheißen, entpuppen sich im Alltag als privater Verhandlungsraum für persönliche Machtverhältnisse. Eigentum verpflichtet, das ist ja bekannt.

Meine engsten männlichen Freunde suchen Selbstbestimmung in sportlichen Grenzerfahrungen (Bergsteigen, Weltumsegelungen), neuen Beziehungen oder auch dem sagenumwobenen Sportwagen. Ihre Midlife-Crisis hat Bilder und Traditionen, sie gehört zum Mannsein. Ganz selbstverständlich gehen sie davon aus, dass die Welt um sie herum ihre Mätzchen erst mitmacht und dann verzeiht. Existierende Bilder von Frauen im mittleren Leben gehen eher in eine seltsame, entrückte Richtung: Die esoterische Frau, die plötzlich nur noch von Sternzeichen schwafelt, oder die eingangs erwähnte Teetassen-Tante.

Meine Midlife-Crisis ist in mir verankert, in meinen Eierstöcken, meinem Uterus verwachsen. Sie droht mit Disqualifizierung und hält doch etwas von dieser verflixten Freiheit bereit, echter Freiheit: Denn ich bin nun immer weniger von meiner Biologie fremdbestimmt. Ob ich Mutter werden will, steht nun nicht mehr zur Debatte. Ich habe kein Eierdepot in der Tiefkühltruhe. Wenn ich Sex habe, dann nur noch zum Spaß. Seit ich Testosteron nehme, spüre ich meine Libido wieder, fühle, dass mein Ehrgeiz wieder greift – meine Geschichte befindet sich eben in der Mitte, nicht am Ende. Das Klimakterium mag mich mit Hitzewallungen und Müdigkeit quälen, aber es schenkt mir auch Selbstbestimmung.

Wenn die berühmte Hitze im Körper aufsteigt, dann stelle ich sie mir ab sofort als Energie vor. Die Energie, die jahrelang monatlich als lebensgebender Zyklus durch meinen Körper rann, tritt in einem fulminanten Finale ab: Wie ein plötzlicher Fieberschub durchdringt sie meine Zellen. Dann denke ich an drei Jahrtausende, in denen diese Energie systematisch kontrolliert und vereinnahmt wurde, sodass sie am Ende zum Stammtischwitz mutierte. Und daran, dass ich diese Energie überhaupt je in mir hatte, sie kontrolliert und reduziert habe. Jetzt kann ich sie noch einmal zelebrieren.

KAPITEL 16

Ausbleiben der Periode

Fruchtbarkeitsschwankungen: vom Ende der Furcht, ungewollt schwanger zu werden, dem Loslassen und dem neuen Status von Fürsorge und Gemeinschaft

Mit 20 Jahren wurde ich zum ersten Mal schwanger. Mir war klar, dass ich mit meinem damaligen Freund und in meiner damaligen Lebenssituation nicht Mutter werden wollte. Ehrlich gesagt war ich mir zu diesem Zeitpunkt gar nicht sicher, ob ich überhaupt jemals Mutter werden wollte – meine biologische Mutter hat mich abgegeben, aus irgendeinem Grund passte ich nicht in ihren Lebensplan. Meine eigene Fruchtbarkeit, vermutlich befand ich mich zu dem Zeitpunkt auf dem Höhepunkt selbiger, war mir fremd. Ich fühlte mich damals noch nicht mal sicher in meinem Frausein. Ich wusste, dass ich kein Kind, kein Teenager mehr war und nicht mehr sein wollte, aber Bemuttern, im Sinne von Verantwortung für ein anderes Leben zu übernehmen, erschien mir abstrakt und alles andere als erstrebenswert.

Wie Anja Scherret nahmen die meisten Frauen und Mädchen um mich herum schon seit Jahren die Pille. Für mich war das keine Option, denn ich bekam Zwischenblutungen von der Pille, deswegen hatte ich diverse Präparate wieder abgesetzt. Ich wollte auf keinen Fall häufiger Blutungen als unbedingt notwendig. Unter der Pille blutete ich ständig – mein Albtraum.

Ich erinnere mich ziemlich gut daran, wie sehr mich die Periode, aber auch die Vorstellung vom Frausein insgesamt, als Teenagerin überforderte. Meine Mutter hielt nichts von Tampons, sie benutzte Binden. Binden fand ich schrecklich. Ich fürchtete, dass man sie durch meine Kleidung sehen könnte, sie rochen stark parfümiert und waren damals achtzehn Zentimeter lang und drei Zentimeter dick. Die Erfinderinnen von Periodenslips lagen noch in den Windeln, und die größte Innovation überhaupt für viele Teenagerinnen bedeuteten damals dünne Binden. Wirklich. Mit 19 Jahren wechselte ich zu Tampons, vorher habe ich mich nicht getraut.

»Du bist jetzt eine Frau«, sagte meine Mutter, als ich das erste Mal blutete. Prima, dachte ich. Meine Mutter litt unter PMS und Schmerzen, die ganze Familie musste sich Samthandschuhe anziehen, wenn meine Mutter ihre »Regel« bekam. Periode war wahrlich nichts, auf das ich mich freute. Meine einsetzende Fruchtbarkeit nahm ich nicht etwa als ein großes Geschenk oder gar etwas Mächtiges, sondern eher als etwas

Peinliches, sogar Schmutziges wahr: weil ich beim Schwimmen nicht mitmachen konnte, wegen Duweißtschonwas.

Ein Typ aus der Oberstufe erzählte angetrunken, wie er seine Freundin oral befriedigt hatte und danach aussah wie ein Vampir nach einem Festessen. Die Essenz des Frauseins, des Mutterwerdens – das Blut – hatte in der Mädchen-Puppenstuben-Welt noch nie einen Platz. Plastikpuppen mit nippellosen Brüsten haben keine Vulva und bluten nicht.

Mein Sohn erzählt mir, dass viele Mädchen aus seiner Klasse zu Hause bleiben, wenn sie starke Periodenbeschwerden haben. Das wäre undenkbar für mich gewesen – ein furchtbares Eingeständnis weiblicher Schwäche.

Als ich zum ersten Mal schwanger wurde, war Sex selbst noch etwas sehr Abstraktes, das gerade erst anfing, überhaupt wirklich Spaß zu machen. Ich war nicht bereit. Nicht für die Mutterschaft, nicht für die Auseinandersetzung mit meiner Fruchtbarkeit, nicht für den Umgang mit den Schmerzen, die die Zysten mir allmonatlich bereiteten, für nichts von alldem. Hätte man mir damals ein Aufklärungsgespräch zu Social Freezing angeboten, ich wäre vermutlich nicht hingegangen. Fruchtbarkeit erschien mir eher lästig. Anscheinend ging es aber nicht nur mir so, sondern auch den Männern um mich herum: Die erste Frage vor dem Sex war in der Regel: »Nimmst du die Pille?« (»Nee.« »Oh. Weißt du, wie scheiße sich ein Kondom anfühlt?«)

Was mir jetzt langsam entgleitet – meine Fruchtbarkeit –, glich vor zwanzig Jahren einer Last, einer biologischen Vorbestimmung, die viele Frauen um mich herum mit künstlichen

Hormonen unterdrückten. Was im Klimakterium als wertvoll und durchaus verabschiedenswert gilt, was Verlustängste und Identitätsfragen aufwirft, glich einst dem größten Stress überhaupt. Die Frage:

Bin ich etwa schwanger?!

An meine »Konfliktberatung« bei Pro Familia, der gesetzlich vorgeschriebenen Familienberatung vor einer Abtreibung, erinnere ich mich kaum, nur, dass das Gespräch freundlich und frei von Schuldzuweisungen ablief, was mich damals erleichterte. Ich bekam ein gestempeltes Papier, das mir gestattete, einen Schwangerschaftsabbruch durchführen zu lassen. Der Eingriff wurde ambulant bei einem Frauenarzt vorgenommen. Als mein damaliger Freund mich abholte, machte sich eine bis heute für mich nur schwer definierbare Trauer in mir breit. Abschied? Stress? Und gleichzeitig doch auch Erleichterung.

Meine Entscheidung halte ich noch immer für richtig. Immerhin lebe ich selbst als Folge einer »unkontrollierten« Fruchtbarkeit. Hätte meine biologische Mutter die Möglichkeit zu Verhütung oder Abtreibung gehabt, wäre ich vermutlich nicht geboren worden. Mit zwanzig stand ich selbst noch so stark im Konflikt mit meinem eigenen Leben, meiner eigenen Zugehörigkeit, dass ich mir nicht vorstellen konnte, einem Kind auch nur ansatzweise gerecht zu werden.

Überflüssig zu erwähnen, dass ich selbstverständlich froh bin, dass ich lebe. Und nichts hat mein Leben mehr bereichert als meine eigene Mutterschaft – als sie mit dem richtigen Partner, aber vor allem zum richtigen Zeitpunkt kam. Nämlich, als ich bereit war, mit meinen Müttern Frieden zu machen, als ich mein eigenes Leben so geordnet hatte, dass ein anderes darin Platz hatte.

Vergessen habe ich meine erste abgebrochene Schwangerschaft nicht. Ich fühlte glücklicherweise weder Reue noch Schuldgefühle. Im Gegenteil: Ich stehe fest zu meinen Entscheidungen – erst gegen und dann für die Mutterschaft.

Viele Frauen meiner Altersgruppe, mit denen ich für dieses Buch gesprochen habe, verbinden keine Verlustgefühle mit dem Ende der Fruchtbarkeit, sondern Erleichterung. Eine Freundin beschreibt die massiven Unsicherheiten, die sie während ihrer Zwanziger und frühen Dreißiger durchlebte: Werde ich den richtigen Zeitpunkt finden, um schwanger zu werden? Ist jetzt vielleicht der richtige Zeitpunkt? Oder lieber nicht? Sie fühlte sich so unter Druck gesetzt, dass sie nun, mit fünfzig und bereits im Klimakterium stehend, trotz Hautproblemen und Schlafstörungen froh ist, dieser Frage endlich entronnen zu sein. In meinem Umfeld bezeichnete sich kaum eine Frau im fruchtbaren Alter als »Lebensgeberin«.

Schade eigentlich. Eine, die schon als junge Frau eine gewisse Vorstellung von dieser Rolle hatte, wurde damals, auch von mir, sogar als fortschrittsfeindlich empfunden: Nicht in der Fruchtbarkeit läge die Zukunft der Frauen, sondern in der wirtschaftlichen Selbstbestimmung, sprich der Arbeit. Davon war ich überzeugt. Fruchtbarkeit habe ich nicht als »Skill«

für mich anerkannt, dafür fühlte ich mich viel zu »modern«. Was man geschenkt bekommt, ist sicherlich weniger wert als das, was man sich erarbeitet – Wissen, Kunstfertigkeit, Kompetenzen. Muttersein galt nicht als erstrebenswerter Lebensentwurf, als ich in meinen frühen Zwanzigern war. Abhängigkeit, Fürsorge, all das assoziierte ich mit meiner Mutter, deren Hausfrauendasein letztendlich so wenig erstrebenswert schien – nicht einmal für sie selbst.

Als ich in die Berufswelt einstieg, galt es als Goldstandard für junge Frauen, eine Führungsposition anzustreben. Gebären könne man, wenn man dann unbedingt will, per Terminkaiserschnitt zwischen zwei Meetings. Dass die Konzentration auf die Karriere ebenso engstirnig sein kann wie das traditionelle, von Männern geformte Mutterbild, habe ich in meinen Zwanzigern noch nicht verstanden.

Über den Wert von Fruchtbarkeit wissen die Menschen am meisten, deren Kinderwunsch sich nicht erfüllt hat. Die Trauer und vor allem Selbstzweifel, die Frauen fühlen, die nicht schwanger werden können, haben mich erstmals zum Nachdenken gebracht: Wie fühlt sich eine Frau, die sich Kinder wünscht und keine bekommen kann?

Die Vorstellung, dass Leben in meinem Körper wächst, finde ich offen gestanden immer noch ein bisschen verrückt. Ich kann mir Mirna Funks Eier im kryptogenetischen Tank besser vor Augen führen als die biologischen Abläufe in meinen Eierstöcken und in meiner Gebärmutter. Das Natürlichste kommt mir künstlicher vor als das Artifizielle. Das ist sicherlich ein schönes Stück Entfremdung vom eigenen Körper.

Insofern bin ich dem ganzen Schlamassel des Klimakteriums auch dankbar: Denn endlich setze ich mich damit auseinander, was dieser Körper tagtäglich seit über vierzig Jahre leistet, vor allem dann, wenn ich am allerwenigsten über ihn nachgedacht habe.

Das Blut, das jetzt in unregelmäßigen Abständen aus mir herausquillt, hat dreißig Jahre lang potenzielles Leben transportiert. Jahrtausende von Männern geprägte Menschheitsgeschichte haben es geschafft, dass ich mich für das geschämt habe, was mich ausmacht: mein verdammtes Periodenblut.

Ich bin protestantisch erzogen worden, der Körper galt in meiner Kindheit immer ein bisschen als »natürlich«, gleichzeitig aber auch als vulgär – Trieb und Dekadenz schienen Körperliches zu dominieren. Auch steigt dieses seltsame, sterbliche, alternde Gebilde aus Knochen, Wasser und Zellen nicht ins Paradies zum Schöpfer auf – nur der flatterhaften, körperlosen, vor allem reinen Seele kommt dieses Privileg zu.

Natürlich ist heute bekannt, dass Körper, Seele und Geist in einer nicht zu trennenden Gemeinschaft miteinander verbunden sind. Als mein Sohn frisch geboren auf meinem Bauch lag, konnte ich es nicht fassen: Ein Lebewesen, das mich anschauen kann, das Kopf, Knochen und Haare hat, das wenig später das ganze Haus zusammenschreien, zwei Sprachen sprechen, schwimmen, lesen, schreiben und eigene Entscheidungen treffen lernen kann. Der Wert dieser biologischen Funktion erscheint mir unermesslich. Aber definiert er mich? Als Frau? Als Person?

Vielleicht hätte ich meine eigene Biologie etwas respektvoller behandeln sollen. Ich wäre jedenfalls nie darauf gekommen, dass Fruchtbarkeit – nicht nur die sprichwörtliche, die Zyklus für Zyklus seit dreißig Jahren durch meinen Körper rauscht, sondern auch die symbolische als das Versorgende, das Lebengebende – etwas sein könnte, was über den Fortpflanzungstrieb hinaus wertvoll ist.

Ich dachte, natürlich braucht man immer noch Kinder und Nachwuchs, aber nicht mehr als Lebensaufgabe: Diese automatische Gleichsetzung des »Weiblichen« mit »Fürsorglichkeit« würde, so dachte ich, in den nächsten Jahrzehnten einfach verschwinden, eine Art gedankliche gesellschaftliche Menopause. Wie naiv. Und wie sehr geprägt vom männlich dominierten Wertesystem: Erfolg, Geld, Macht. Die Ideale der patriarchalen Gesellschaft haben wenig Nutzen in der Fürsorge gefunden, stattdessen propagieren wir Durchsetzungsvermögen. Was, wenn diese Erzählung eben nur eine Seite ist? Und die andere Gemeinschaft?

Das chinesische Menopausenritual Peng geht mir nicht aus dem Kopf.

Ich denke ans Peng, wenn ich ältere Frauen mit ihren Hackenporsches über den Bürgersteig schlurfen sehe. Ich denke ans Peng, wenn eine ältere Frau in der Reihe vor mir im Theater neben ihrem Mann sitzt und von Lust erfüllt aufspringt, um dem jungen, heißen Hauptdarsteller Standing Ovations zu geben. Ich denke ans Peng, wenn ich lese, dass 20 Prozent aller Frauen über 65 altersarmutsgefährdet sind (bei den Männern sind es 15 Prozent). Ich denke ans Peng, wenn mir eine Frau über 65, die ihr Leben lang gearbeitet und drei Kinder großgezogen hat, erzählt, dass sie nicht in der Lage ist, ihre Bedürfnisse herauszufinden oder zu artikulieren (das ginge nur im Ausschlussverfahren).

Wäre es nicht schön, eine Gemeinschaft zu bilden? Kein Altenheim, in dem Menschen erst landen, wenn es keinen anderen Ort mehr für sie gibt, sondern eine freiwillige, selbstständige Gesellschaft. Mein Peng muss gar nicht nur aus Frauen bestehen, sondern aus Menschen in meinem Alter, die Wert auf einen gleichberechtigten Austausch legen.

Ich glaube übrigens nicht, dass solche Pengs Gemeinschaften paradiesischer Zustände des Glückes wären. Im Gegenteil: Wie jede soziale Gemeinschaft käme es sicher auch im Peng zu Konflikten, Verletzungen und jeder Menge Frust. Meines Erachtens ist die Annahme, dass Liebe und Gemeinschaft umsonst und »von Frauen natürlich und ohne Gegenleistung« gegeben werden, eines der größten patriarchalen Irrlichter. Jede funktionierende Gemeinschaft ist Arbeit – Kommunikations- und Organisationsarbeit. Ein Peng bedarf vermutlich ähnlich viel Engagement wie ein Vollzeitjob, wenn es wirklich Freundschaft, Unterstützung und Aufklärung leisten will.

Im Klimakterium scheinen Frauen die Nähe anderer Menschen, vor allem von Frauen zu suchen. Eine Britin gründete ein Start-up mit dem Namen Together Friends, das Freundinnen vermittelt. Ob platonische Freundschaften einen anderen Stellenwert bekommen, weil postmenopausale Frauen nicht mehr schwanger werden können, weiß ich nicht. Ich finde die Vorstellung aber ganz schön: dass sich nach drei Jahrzehnten

Liebeschaos Freundschaften zu den zentralen Beziehungen des Lebens entwickeln.

Die Schriftstellerin Lucy Fricke erzählt in ihrem Buch *Töchter* von einer solchen Freundinnenschaft, zwischen Martha und Betty, zwei Frauen im mittleren Alter, die es zusammen auf eine Reise Richtung Süden zieht. Der Roman ist ganz und gar romanzenfrei, spart aber nicht an Beziehungsdramen – denen zwischen den Freundinnen sowie den beiden Frauen und ihren Vätern. Martha ist übrigens verheiratet, nur ist ihr Ehemann für die im Roman erzählte Geschichte nicht so wichtig. Der Erfolg des Buchs zeigt, dass es Menschen – vermutlich Frauen – gibt, die sich durchaus von einem solchen Lebensmodell angesprochen fühlen.

Einen Sinn für Gemeinschaft, Freundschaft oder Verwandtschaft müssen Frauen natürlich auch entwickeln und anwenden. Die meisten Frauen, die ich kenne, haben irgendwann in ihrem erwachsenen Leben verstanden, dass bestimmte Phasen, vom Berufseinstieg bis zur Mutterschaft, besser in sozialen Gemeinschaften zu stemmen sind, und passen sich entsprechend an. Sie wissen, dass Zeit für Freundschaften oder Verwandtschaft im durchgetakteten Work-Life-Balance-Alltag notwendig ist. Die Kleinfamilie kann unmöglich das gesamte Sozialleben darstellen, ebenso wenig, wie eine Liebesbeziehung allein den wenigsten Menschen dauerhaftes Glück schenkt.

Gemeinschaft ist ein Vermittlungs- und Gewöhnungsprozess, etwas, das es zu erarbeiten und zu erhalten, nicht zu besitzen gilt. Vielleicht sollte man mitunter durchaus einen Schritt weiter gehen und soziale Strukturen, vielleicht sogar Moralvorstellungen grundsätzlich überdenken. Wie sähe die Welt aus, wenn Fürsorge, Gemeinschaftsarbeit und Pflege, traditionell feminine Werte, genauso respektabel wären wie materieller Reichtum, Macht und Durchsetzungsvermögen, die traditionell maskulinen Werte? Wenn Verbundenheit ebenso erstrebenswert wäre wie wirtschaftlicher Erfolg, Logik und Vernunft?

Der Künstler Banksy hat während des ersten Lockdowns 2020 dem Uniklinikum im südenglischen Southampton per Kurier ein Kunstwerk zugestellt, ein Gemälde namens *Game Changer.** Es zeigt einen knienden Jungen, der eine Krankenschwesterpuppe wie eine Actionfigur in seiner Hand hält und durch die Luft schweben lässt. Neben dem Jungen steht ein Abfalleimer, in dem eine Spider-Man- und eine Batman-Figur entsorgt wurden. Das rote Kreuz auf der Robe der Krankenschwesterfigur ist auf dem ansonsten schwarzweißen Gemälde das einzige farbig gestaltete Element. Der Künstler hat sogar einen persönlichen Gruß an die Mitarbeiterinnen und Mitarbeiter des Krankenhauses mitgeschickt: »Danke für alles, was Sie tun. Ich hoffe, dies hier erhellt den Ort ein wenig, auch wenn es nur schwarz und weiß ist.« Ein paar Monate lang hing das Bild in der Notaufnahme des Krankenhauses, dann wurde es zugunsten des britischen National Health Service versteigert – für eine Rekordsumme von 16,8 Millionen Britische Pfund, also knapp 20 Millionen Euro.

* Teile der folgenden Überlegungen zum Thema Care-Arbeit stammen aus meinem bei *Zeit Online* erschienenen Essay »Die Zukunft ist fürsorglich«.

Man kann das Gemälde als liebevolle und extrem großzügige Geste und Wertschätzung der Arbeit des Klinikpersonals stellvertretend für alle Pfleger und Ärztinnen verstehen. Banksys Gemälde tauchte zu einem Zeitpunkt in der Pandemie auf, zu dem Menschen symbolisch für Krankenhauspersonal auf dem Balkon klatschten. Diese Welle dauerte nicht besonders lange an und hat viele Pflegekräfte eher verärgert als gefreut. Pflegejobs, die nun mal in erster Linie von Frauen verrichtet werden, werden im Zuge der Pandemie mitunter mehr gewürdigt, doch vom flüchtigen Respekt ihrer Mitmenschen kann sich kein*e Kranken- oder Altenpfleger*in etwas kaufen. Unsere Leistungsgesellschaft misst den Wert einer Arbeit letztendlich am Einkommen.

Als ich Banksys Bild erstmals im Internet sah, ging mir folgender Gedanke nicht mehr aus dem Kopf: Wie würde eine Kindergeneration aufwachsen, deren Vorbilder keine überwiegend männlichen und gelegentlich brutalen Gerechtigkeitskrieger und Superhelden sind, sondern Menschen, die ihre professionelle Expertise in den Dienst der Fürsorge für andere Menschen gestellt haben? Vielleicht sogar Frauen im mittleren oder gar fortgeschrittenen Alter? Die Fürsorge nicht nur als etwas verstünden, was man Freunden und Verwandten spendet, sondern als eine soziale, sogar politische Kompetenz? Wenn Stärke sich eben nicht nur am Bild paramilitärischer Kämpfer wie Batman oder Black Widow orientiert, sondern an der Fürsorglichkeit von Krankenschwestern, Erzieher*innen, Lehrer*innen oder Altenpfleger*innen?

Vermutlich erst mal gar nicht so anders. Kinder, die Superhelden verehren, schlüpfen als Erwachsene ja auch selten in

Latexhosen, um Kriminelle zu jagen. Die Batman-mäßigsten Berufe üben vermutlich Jurist*innen und Polizist*innen aus. Dafür erhalten sie Anerkennung und, im Falle von Anwält*innen, sogar ziemlich dicke Gehälter. Denn Gerechtigkeit, Gesetzmäßigkeit und Vernunft werden als grundlegende moralische Gesellschaftswerte verstanden, und entsprechend werden Berufe, die diese Werte schützen, gut bezahlt. Das ist richtig so, wenn auch etwas einseitig gedacht. Denn die moralische Idealvorstellung allmächtiger Logik und Rationalität drängt Fürsorge und soziales Miteinander ins Private. Das Kümmern bleibt Familien- und vor allem Frauensache.

Würde ein junger Mensch vielleicht eine andere Entscheidung treffen, wenn Fürsorge eben keine wie so oft dargestellte »naturgegebene Dauerliebe aus Frauenherzen«, sondern ein moralischer Grundwert wäre, ebenso bedeutsam wie Vernunft? Mein Fruchtbarkeitszyklus, so hat mich das Klimakterium gelehrt, besteht aus femininen und maskulinen Sexualhormonen. Nur wenn Östrogen und Testosteron im Gleichgewicht sind, fühle ich mich gesund. Genauso sollten klassisch männlich und weiblich zugeordnete Werte eine Gesellschaft mitprägen. Eine Krankenschwester ist nicht weniger essenziell für das Allgemeinwohl als ein Gerechtigkeitskämpfer.

Alle Denker, von Plato bis zum gedanklichen Vater des modernen Staats, Jean-Jacques Rousseau, haben sich mit Kindererziehung auseinandergesetzt. Aber keiner von ihnen hätte es Frauen und Müttern allein überlassen, Kindern moralische Werte zu vermitteln. Die Psychologie nach Sigmund Freud wiederum beschäftigt sich eher mit der Perspektive des Kindes, die Philosophie mit der väterlichen; beide Disziplinen fürchten die Mutter, symbolisiert sie doch die – in unserer Welt als schlimmster Fall betrachtete – lebenslange Abhängigkeit von einer Frau, die ultimative Horrorvorstellung der aufgeklärten Logiker!

Als Faustregel galt lange: Je früher die Bindung zur mütterlichen Fürsorge durchbrochen wird, desto Erfolg versprechender die Zukunft des Kindes. Mütter dürfen den Kindern das Leben schenken und sie versorgen. Sich aufopfern: Ja. Werte mitgeben: Das ist Vätersache. Wissenschaft, Philosophie, all diese Disziplinen basieren letztendlich auf der männlichen Vorstellung von Problemlösung. Start-up-Gründerin Susanne Liedtke sagte: »Früher gab es Heilerinnen, bis die Ausbildung in die Medizin kam und diese Ausbildung zunächst nur Männern zuteilwurde. Im Grunde hat man so Volkswissen und Heilerinnen zurückgedrängt. Ich halte das für einen Fehler.«

Tend-and-befriend-Reaktion (sich Kümmern und Anschließen) nennen Wissenschaftler*innen die Sehnsucht von Frauen nach Bindungen in Stresssituationen wie der Perimenopause. Das Hormon Oxytocin, auch Bindungshormon genannt, wird im Gehirn gebildet und reguliert das Stresshormon Cortisol. Östrogen verstärkt diese Wirkung sogar noch. Es gibt erste Thesen, wonach Frauen sich in Stresssituationen nicht streiten oder bekriegen wie Männer, sondern eher Allianzen und Bindungen suchen.

Vielleicht sollten wir ein neues Volkswissen erarbeiten. Mutterschaft wird in erster Linie im Hinblick auf Vereinbarkeit von Familie und Beruf sowie eine gerechtere Aufteilung der Sorgearbeit diskutiert, natürlich zu Recht. Aber eine »mütterliche Perspektive« (hust: schon das Wort staubt im Rachen) auf die Welt als philosophische Idee findet wenig Beachtung. Schade eigentlich, denn es wäre doch durchaus interessant, das Vorsorgende und Pflegende als notwendige Ergänzung zu den Prinzipien der Logik und der Vernunft anzuerkennen. Wenn Mutterschaft mehr ist als das Austragen und Großziehen von Kindern, erscheint das Klimakterium nicht mehr als Lebenskrise, denn die Idee des Bemutterns bleibt über die Menopause hinweg bestehen, eine Art erweiterte Großmutter-Theorie, nach der die postmenopausalen Weibchen gute Anführerinnen und Vorsorgerinnen sind, weil sie sich nicht mehr mit der eigenen Fortpflanzung beschäftigen müssen.

Es gab Gedanken in diese Richtung. So versuchte die 2011 verstorbene Philosophin Sara Ruddick in ihrem Buch *Maternal Thinking* dem »mütterlichen Blick« akademisch Aufmerksamkeit zu verschaffen – was für ein Unterfangen! Ruddick wollte Mutterschaft von sentimentaler Sprache befreien und beschrieb fast beiläufig, dass es natürlich gute und schlechte Mütter gebe. Mütterliches Denken beinhalte Erhaltung, Wachstum und soziale Akzeptanz der Kinder und ist laut Ruddick keinesfalls auf Frauen beschränkt. Männer können das selbstverständlich genauso gut.

Auch die amerikanische Psychologin Carol Gilligan stellte 1982 in ihrer Studie *Die andere Stimme – Lebenskonflikte und Moral der Frau* Fürsorge als marginalisierten gesellschaftlichen Wert zur Diskussion. Gilligans These war, dass Frauen moralische und gesellschaftliche Konflikte nicht wie Männer auf rationaler, sondern auf beziehungsorientierter Ebene lösen. Damit legte Gilligan den Grundstein für eine neue, zunächst vor allem in den USA bekannte feministische Theorie namens *Ethics of Care.*

Das klingt alles schrecklich theoretisch – ich bitte hier um etwas Geduld, viele Ideen kommen als theoretischer Gedanke in die Welt. Ich finde, Frauen sollten ihre Furcht vor Ideen und Fremdwörtern in ihren Dreißigern lassen. Also, weiter geht's:

Für die Moralphilosophin Virginia Held ist Ethics of Care ein Zugang zu »moralischem Handeln, basierend auf der Erfahrung, Fürsorge zu geben und Fürsorge erhalten zu haben«. Held sieht diesen Ansatz als »potenzielle Alternative zur traditionellen und dominanten, aber unzureichenden Moraltheorie in der Tradition von Immanuel Kant«.

Eine weitere Gründermutter der Care Ethics, die kanadische Politologin Joan Tronto, bezeichnet Fürsorge sogar als notwendige Vorstufe zu rechtem und verantwortungsvollem Handeln. Verantwortung lerne jeder Mensch grundsätzlich in der Familie, später werde sie im Sozialen und schließlich auch im Politischen angewandt: Jede Bürgerin und jeder Bürger trage die Verantwortung, sich nach dem Vorbild familiärer Strukturen um andere zu kümmern, denn Menschen seien in jeder Hinsicht voneinander abhängig. So ist es. Warum das, was für viele Frauen Alltag ist, nicht für die ganze Gesellschaft anwenden? Als Ideal für alle?

Ich bin keine Philosophin, aber ehrlich gesagt scheint mir die rein instrumentelle Vernunft selbst nicht ganz krisensicher: Hedgefonds und Immobilienspekulanten zum Beispiel haben sich niemals durch große Ehrfurcht vor moralisch begründeten, gerechten Gesetzen hervorgetan. Auch die Verschärfung des Konkurrenzprinzips auf dem internationalen Markt würde wahrlich keinen Gerechtigkeitspreis im Kantschen Sinne gewinnen.

Die geschlechterspezifische Aufschlüsselung von Ethik ist vor allem in Europa auf Kritik gestoßen, von Frauen wie Männern. Womöglich wurde die Relevanz von mütterlichem Denken und fürsorglichem Handeln so ausdauernd für gering erachtet, dass es schwerfällt, sie als moralischen Ansatz ernst zu nehmen – was bedauerlich ist. Um das, was man akademisch als »binäres Denken« bezeichnet, zu überwinden (wie maskulin/feminin, Geist/Körper oder emotional/kognitiv), sollten doch beide Seiten zunächst gleichberechtigt betrachtet und berücksichtigt werden, oder?

Fortschritt, so denken wir, glänzt zumeist in Form von technologischen Errungenschaften. Diese sollen dazu dienen, das Leben der Menschen einfacher, angenehmer, sicherer zu machen. Außerdem dienen diese Objekte als Symbole wachsenden Wohlstands.

Technik zu besitzen und bedienen zu können macht uns zukunftsfähiger. Nur: Reicht das wirklich? Ein reiches Sozialleben, ein gutes Miteinander, so wissen wir aus Studien, verlängern das Leben. Und wäre es nicht am sinnvollsten, nach Dingen oder Verfahrensweisen zu suchen, die ein besseres, vor allem ein gleichberechtigtes Miteinander der Menschen ermöglichen? Ein Peng?

Man bedenke das Empty-Nest-Syndrom: Spürt man nicht in den Verlustmomenten des Klimakteriums ganz deutlich, wie direkt wir Menschen miteinander verbunden, wie sehr wir voneinander abhängig sind?

Umso wichtiger werden Gemeinschaften über die eigene Familie hinaus. Die Walkühe, die postmenopausal ihre Herden anführen, kümmern sich nicht nur um ihre Kinder und Enkelkinder, sondern ums Gemeinwohl der gesamten Herde. Von Nachbarkindern und Kindern enger Freund*innen habe ich gelernt, dass Bemuttern viel mehr bedeutet, als »nur« mein eigenes Kind großzuziehen: Die Verbundenheit zu »fremden« Kindern, die ich »mit großziehe«, hat mir ein völlig unvorhergesehenes Gefühl von Sinnhaftigkeit geschenkt. Freundinnen ohne eigene Kinder erzählen Ähnliches von Patenkindern. Fürsorge, Anteilnahme, Interesse – ob in Buchclubs, Kinder-Fußballvereinen, Haus,- Kita- oder Schulgemeinschaften – setzen eine andere Art von Macht und Einfluss frei: Rückhalt.

Das heißt nicht, dass postmenopausale Frauen auf Kuchenbasaren abgestellt werden und von dort fürsorglich und unentgeltlich die Herde zusammenhalten sollen. Sondern lediglich, dass all meine perimenopausalen Beschwerden mich gelehrt haben, dass nicht nur moderne Leistung in der wirtschaftsorientierten Logik den Wert meines Körpers ausmacht, dass beruflicher Ehrgeiz mir Spaß macht, aber nicht unbedingt sinnstiftend ist. In meinen schwachen Momenten, wenn Schmerz, Wut und Dünnhäutigkeit mich überkamen, ist mir klar geworden, dass ich lernen muss, mit meinem Körper zu kooperieren. Dass es sich lohnt, das eigene Frausein zu reflektieren, dass es sogar eine große Entdeckungsreise sein kann, seine Facetten zu erkennen, beispielsweise in Freundschaften und gegenseitiger Unterstützung, im Teilen von Erfahrung und emotionalen Ressourcen.

Das finde ich schön.

»Man sagt, eine Frau in den Wechseljahren ist gefährlich, weil sie über ihre Grenzen hinausgeht, weil sie Dinge infrage stellt, weil sie Strukturen infrage stellt, die für die anderen die ganze Zeit funktioniert haben«, sagt Sheila de Liz. Und weiter: »Das Geniale ist, dass du plötzlich die Dinge siehst, wie du sie haben willst und sie nicht mehr haben willst.«

Ich werde die Symptome nicht ertragen. Wenn es mir zu viel wird, nehme ich weiter bioidentische Hormone. Trotzdem: Wenn ich nachts im Bett liege und das Nachthemd an meinem Rücken klebt, denke ich nun häufig daran, dass ich meinem Frausein vermutlich selten näher war. Es endet auf keinen Fall, im Gegenteil: Jetzt, mitten in der Perimenopause, werde ich erst recht und klarer denn je sehen, was es heißt, eine Frau zu sein. Eine leicht gereizte, vielleicht.

EPILOG

Mein perimenopausaler Polterabend

Wo viel Geschirr zu Bruch geht und Gemeinschaft entsteht

In meiner Fantasie feiern wir ein Fest. Ein paar Dutzend Frauen zwischen vierzig und fünfundfünfzig versammeln sich in feierlichem Aufzug zum Bankett. Für die eine heißt feierlich vielleicht, das eigene Brautkleid noch mal zu tragen. Für die nächste bedeutet feierlich in erster Linie bequem. Ich stelle mir ein Sommerfest vor, einen langen Tisch auf einer sattgrünen Wiese mit Blick nach Westen, wo die Sonne in Form eines roten Balls in den Horizont fällt. Vielleicht sind wir auch in einem Haus, einem großzügigen Wohnzimmer. Vielleicht schüttet und stürmt es draußen, und wir sitzen drinnen vorm Kamin.

Eigentlich ist es egal, wo wir sind – wichtig ist, dass die Tafel festlich gedeckt ist, denn heute feiern wir uns selbst, unser Peng. Wir debütieren in der Gesellschaft der menopausalen Frauen. Hier werden wir nicht verkuppelt, sondern es wird zusammen getanzt, ob in Birkenstocks, Turnschuhen oder Louboutins.

Meine Freundinnen haben Fotos aus ihrer Teenagerzeit dabei, von ihren Studien- oder Ausbildungsabschlüssen, Hochzeiten, Schwangerschaften, Geburten, kurz den Meilensteinen und Metamorphosen ihres Frauenlebens.

Wir sitzen nah beieinander, essen und trinken gemeinsam und erzählen uns vom Frau-Werden, vom ersten Kuss, vom sich verändernden Körper, vom Unwissen, in dem die meisten von uns von Eltern und Lehrer*innen gelassen wurden. Von der ersten Periode, vom ersten Sex, vom ersten (oftmals vermeintlichen) Ausbleiben der Periode als junge Frauen (und der daraus entstehenden Panik – schwanger?!). Wir sprechen über Hormone in Pillenform – die Mini-Pille zur Verhütung, Östrogen zum Frau-Werden und um den Kinderwunsch zu unterstützen. Wir unterhalten uns über Schwangerschaften und Geburten, über die Angst, die die Verselbstständigung des Körpers in diesen Augenblicken auslösen kann, die Stärke, die wir unmittelbar danach fühlten und dann doch so schnell wieder vergaßen. Wir erzählen uns von den Momenten, in denen wir unseren Körper befremdlich und seltsam fanden, davon, wie der Körper einer asiatischstämmigen Frau anders wahrgenommen wird als der einer afrodeutschen oder türkischstämmigen Frau. Wir erzählen von den Momenten, in denen uns diese Körper streitig gemacht wurden – von Partner*innen, von Ärzt*innen, von uns selbst. Diese Körper sind nicht mehr die, die auf den teils mehr als dreißig Jahre alten Fotos zu sehen sind. Sie teilen zwar die identische DNS, aber die Jahre und die Erfahrungen haben sie geformt und verändert. Nun stehen sie vor einer neuen Transformation, die vielleicht viel weniger einer Metamorphose als der Anpassung an eine neue Lebensphase gleicht.

Dann verjagen wir gemeinsam die Geister der Vergangenheit. Die schlechte Informationslage, vor allem jedoch die Schleier aus Scham, in die Frauen seit Jahrhunderten gekleidet werden, sobald sie ihre Tage bekommen und »fruchtbar« werden. Wir zerschlagen Geschirr, Aussteuer, Flaschen und Gläser. Im Zerstören liegt ein Übergangsritus, heißt es in Aufzeichnungen zum Ursprung des Hochzeitspolterabends. Besser hätte ich es nicht formulieren können. Das Ende der Fruchtbarkeit öffnet die Tür zum nächsten Level der Weiblichkeit. Wir entblößen unsere Vulva wie Sheela-na-Gig. Die Kraft des Frauseins geht über die Fruchtbarkeit, die sexuelle Anziehungskraft hinaus. Und das schon seit Jahrhunderten, in allen Teilen der Welt. Wir haben es nur vergessen.

Es wird angestoßen. Mit was auch immer den Damen schmeckt, meinetwegen mit Pfefferminztee, mit Wodka, mit alkoholfreiem Bier, mit Crémant, Champagner:

Auf all die verflixten Tampons, die in den falschen Handtaschen steckten.

Auf die Schwangerschaftstests, die negativ (negativ!!) im Mülleimer landeten.

Auf die Schwangerschaftstests, die negativ (was??) im Mülleimer landeten.

Auf den schlechten Sex.

Auf den guten. Den selbst gemachten.

Auf den Körper, der mich durch vier Jahrzehnte gebracht hat, der Träger so vieler Sorgen, Ärger und Glück ist und war. Der Frauenkörper, intimstes Heiligtum, politisches Schlachtfeld, Arbeitsraum, Subjekt, Objekt, Lustwerk, Ursprung des Lebens, Zeuge eines unberechenbaren Alltags. Der in Sommerkleider und Spitzenunterwäsche, Turnschuhe und High Heels, Jeans, Jogginghosen, Glockenröcke und Festtagskleider gehüllt, in Bikinis und Badeanzügen gesonnt und nackt zelebriert wurde. Die Narben, die an Verletzungen und Operationen erinnern, die Schwangerschaftsstreifen, Haare an den bizarrsten Orten, rasiert, gewachst oder frei wachsend. All die Dellen im Bindegewebe und Falten in der Haut, die letztendlich nur daran erinnern, was eigentlich das ganz große Geschenk ist: am Leben zu sein. Filter und Filler sind sicherlich hilfreich, aber Lebendigkeit ist weder statisch noch perfekt. Wieder: Jede so, wie sie mag.

Auf Kalt- und Heißwachs, vor allem untenrum. Im Ernst: What the fuck?!

Auf die Hexen, Engelmacherinnen, Heilerinnen, Hebammen – die »weisen Alten« der Historie. Darauf, dass wir vielleicht irgendwann mehr über sie erfahren. Auf Historiker*innen und Forscher*innen wie Neky Cheung, die uns von den Riten unserer Vormütter erzählen.

Auf den Geist, der sozialen Fortschritt in unserem Teil der Welt begünstigt hat. Als ich geboren wurde, durfte meine Adoptivmutter in Deutschland nicht ohne Erlaubnis meines Vaters arbeiten, und meine unbekannte, leibliche Mutter in Korea hatte keinen Zugang zu Verhütungsmitteln. Sie durfte sich vermutlich noch nicht einmal den Partner, meinen biologischen Vater, aussuchen.

Auf den Geist, der politische Umwälzungen und Gleichberechtigung erlebte. Der einen manchmal widersprüchlichen, häufig zögerlichen, aber immer mutigen Platz für sich einfordern lernt. Der in jüngeren Jahren weniger gefestigt war, der tagaus, tagein reift und heranwächst, der oft wandert und schlendert, sich ebenso selten unterwerfen lässt wie der Körper.

Auf Zyklus-Apps. Navigations-Apps.

Periodenunterwäsche. Endlich, lieber zu spät als nie!

Weibliche Unternehmerinnen, solo, in Gruppen, wie auch immer.

Auf die medizinische Forschung, die irgendwann zu Beginn des 21. Jahrhunderts endlich verstanden hat, dass wir Frauen aufgrund unserer Anatomie und Beschaffenheit eigene Studien brauchen. Unsere Töchter, Nichten und Patentöchter werden ihre Körper noch besser verstehen lernen, als wir es heute schon tun.

Apropos – auf unsere Kinder: Paten-, Pflege-, Adoptiv-, Zieh-, Patchworkkinder – und auf die eigenen biologischen.

Auf die Wechseljahre, auch als Klimakterium, Prämenopause, Perimenopause und Menopause bekannt. Auf das Ende der Mythen um selbige. Auf das Ende des Schweigens, der Aura des Übergangs.

Ich gehe nirgendwohin. Ich verändere mich, schlage ein neues Kapitel auf. Meine Hormone schwanken, meine Fokussierung auf meine Rolle als Vermittlerin und »Konsensbringerin« verbleicht. An ihre Stelle rückt eine harschere, aber auch selbstbestimmtere Version meiner selbst. Ich hoffe inständig, dass sie gesund genug sein wird, um ihre neue Zielstrebigkeit zu genießen. Ich hoffe inständig, dass sie sich weiterentwickeln, dass sie weiterhin zuhören kann, vor allem den Jüngeren. Dass sie sich für ihresgleichen und auch die Älteren einsetzt. Dass sie lernt, sich locker zu machen, und mit Humor durch die zuckerfreien Phasen kommt.

Wenn ich die Augen zusammenkneife, sehe ich sie vor mir: Sie ist eine Schrulle, eine Furie und eine Schabracke unter ihresgleichen. Sie steht in der Mitte: ihrer Freundinnen, ihres Frauseins, ihres Lebens.

Dank

Meine Bücher sind Gemeinschaftsarbeiten, besonders dieses. Mein tiefer Dank an Anja Scherret, Mirna Funk, Theda Borde, Sheila de Liz, Neky Cheung und Susanne Liedtke. Ohne Euch/Sie gäbe es *Die gereizte Frau* nicht.

Mein Dank gilt *Zeit Online,* die meinen Essay »Care-Arbeit: Die Zukunft ist fürsorglich« veröffentlicht haben. Teile der Gedanken habe ich in Kapitel 16 wiederverwendet. Außerdem möchte ich mich herzlich bei *Harper's Bazaar Germany,* insbesondere Kerstin Schneider, für die andauernde, fruchtbare und inspirierende Zusammenarbeit bedanken. Die Interviews mit großartigen Frauen wie Cynthia Nixon, Alicia Keys und Isabelle Huppert habe ich im Rahmen meiner Tätigkeit als Features Director der Zeitschrift führen dürfen.

Vielen Dank an Franziska Günther für die unermüdliche Unterstützung. Keine Autorin kann sich eine bessere Agentin an der Seite wünschen. Gleiches gilt für die »Goldfrauen«: Besonders Elizabeth Bandulet, die immer die richtigen Gedanken hat, und Doreen Fröhlich, die von Anfang an mein Buch unterstützt hat. Dank auch an Angelika Lieke für ihr aufmerksames Auge und an meine Erstleserin Nicola Graef für ihre Zeit und Anregungen.

Camilo und Santi, die auch in reizbarsten Momenten immer die beste Familie sind.

Ganz besonders bedanken möchte ich mich bei meinen Freundinnen, die mir ihre Geschichten und ihre Unterstützung zur Verfügung gestellt haben: Anna, Annabelle, Anne, Barbara, Birgit, Caro, Clare, Corinna, Esra, Eva, Evelyn, Heike, Honor, Isabel, Jenna, Julia, Julie, Jutta, Katharina, Marie, Marlene, Natalie, Petra, Rebecca, Sue, Stephanie, Ute, Zilla.

Ihr seid mein Peng.

Quellen

EINLEITUNG

Gloria Steinem, »If Men Could Menstruate«, in: *Ms. Magazine* (10/1978), New York, NY

Chimamanda Ngozi Adichie, *Liebe Ijeawele – Wie unsere Töchter selbstbestimmte Frauen werden,* Fischer Taschenbuch 2017

Anna Eube, »Mit 42 als Model gefeuert, mit 65 wieder engagiert«, in: *Welt* (21.03.2018), online verfügbar unter: https://www.welt.de/iconist/iconista/article174738953/Lancome-fand-Isabella-Rossellini-mit-42-zu-alt-Nun-modelt-sie-wieder.html (letzter Abruf: 23.01.2022)

KAPITEL 1

Lisa Selin Davis, »Puberty of the Middle-Aged«, in: *The New York Times* (19.11.2018), online verfügbar unter: https://www.nytimes.com/2018/11/19/opinion/symptoms-perimenopause-menopause-middle-age.html (letzter Abruf: 23.01.2022)

Germaine Greer, *The Change,* Bloomsbury Publishing 2018

Stuart Nattrass et al., »Postreproductive killer whale grandmothers improve the survival of their grandoffspring«, in: PNAS (12/2019), online verfügbar unter: https://www.pnas.org/content/116/52/26669 (letzter Abruf: 23.01.2022)

KAPITEL 2

Suzanne Moore, »Es wird kein Blut geben«, in: *The New Statesman* (26.08.2015), online verfügbar unter: https://www.newstatesman.com/uncategorized/2015/08/there-wont-be-blood-suzanne-moore-menopause (letzter Abruf: 23.01.2022)

Mary Ruefle, »Pause«, in: *Granta* (01.06.2015), online verfügbar unter: https://granta.com/pause/ (letzter Abruf: 23.01.2022)

Darcey Steinke, *Fliegende Hitze,* Aufbau Verlag 2021

Laurie Bayet et al., »Angry facial expressions bias gender categorization in children and adults: behavioral and computational evidence«, in: *Frontiers in Psychology* (26.03.2015), online verfügbar unter: https://www.frontiersin.org/articles/10.3389/fpsyg.2015.00346/full (letzter Abruf: 23.01.2022)

Sheila de Liz, *Woman on Fire,* Rowohlt 2020

Arthur Schopenhauer, *Metaphysik der Geschlechtsliebe,* 1819

Simone de Beauvoir, *Das Alter,* Rowohlt 1970

Audre Lorde, »The uses of anger«, in: *Women's Studies Quarterly* (1981), online verfügbar unter: https://academicworks.cuny.edu/cgi/viewcontent.cgi?article=1654&context=wsq (letzter Abruf: 23.01.2022)

KAPITEL 3

Maisie Hill, *Superpower für die Wechseljahre,* VAK Verlag 2021

Ellen Cornely-Peeters, *Ach, Meno!,* Kiepenheuer & Witsch 2021

KAPITEL 5

Informationen zur »Laser-Vaginalverjüngung« auf der Website von Sheila de Liz, verfügbar unter: https://www.dr-de-liz.de/unsere-praxis/monalisa-touch-vaginaler-laser/ (letzter Abruf: 23.01.2022)

KAPITEL 6

Anna Reimann, »Warum ich den Eizellen-Plan von Apple und Facebook pervers finde«, in: *Spiegel Online* (16.10.2014), online verfügbar unter: https://www.spiegel.de/politik/deutschland/social-freezing-kommentar-zum-vorschlag-von-apple-und-facebook-a-997451.html (letzter Abruf: 23.01.2022)

Teresa Bücker, »Social Freezing: Fremdbestimmung oder Unterstützung?«, in: *Edition F* (15.10.2014), online verfügbar unter: https://editionf.com/social-freezing-fremdbestimmung-unterstuetzung/ (letzter Abruf: 23.01.2022)

Friseurmeister Philipp Zilse, zitiert nach: Theresa König, »Frisur ab 40: Warum schneiden sich alle Frauen die Haare ab?«, in: *Barbara,* online verfügbar unter: https://www.brigitte.de/barbara/beauty/frisur-ab-40-haare-abschneiden-macht-juenger-11051296.html (letzter Abruf: 23.01.2022)

KAPITEL 8

Robert A. Wilson, *Feminine Forever,* M. Evans & Co Inc 1966

Jacobus Primrose, zitiert nach: Cora Creutzfeld-Glees, *Frauen und Hormone,* Kreuz-Verlag 1992

Giovanni Marinello, *Medicina per le donna nel Cinquecento,* 1563/1992

Edward Tilt, zitiert nach: Henri Rozenbaum, *100 Jahre Hormonsubstitutionstherapie,* in: Birkhäuser, M. und H. Rozenbaum, Hrsg. IV Europäischer Menopause-Kongress, Wien 1998, Ed. ESKA: 14-2

Théophile de Bordeu, *Analyse medicinale du sang,* Montpellier 1775

KAPITEL 9

Margaret Lock, *Encounters with Aging,* University of California Press 1993

zur Studie der Charité, die sich mit der Wahrnehmung der Wechseljahre im interkulturellen Vergleich beschäftigt, vgl.: https://www.gesundheitsforschung-bmbf.de/de/wahrnehmung-der-wechseljahre-ist-kulturell-gepragt-3010.php (letzter Abruf: 23.01.2022)

KAPITEL 10

zur Lebenserwartung in Südkorea vgl.: https://de.statista.com/statistik/daten/studie/18656/umfrage/lebenserwartung-in-suedkorea/

KAPITEL 12

Saskia Hödl, »J.Lo, 50, hot«, in: *Die Tageszeitung* (08. 02. 2020), online verfügbar unter: https://taz.de/Jennifer-Lopez-und-das-Aelterwerden/!5658848/ (letzter Abruf: 23.01.2022)

KAPITEL 13

Miriam Stein, »Hey Cynthia«, in: *Harper's Bazaar Germany* (10/2020), online verfügbar unter: https://www.harpersbazaar.de/zeitgeist/cynthia-nixon-interview-ratched (letzter Abruf: 23.01.2022)

Miriam Stein: »Chapeau! La grande Isabelle«, in: *Harper's Bazaar Germany* (02/2017)

Miriam Stein, »This Girl is on Fire«, in: *Harper's Bazaar Germany* (02/2021)

Lisa Mosconi in: Clara Meyer-Horn, »Wechseljahre, schwindende Hormone und Demenz-Risiko – Frauen entwickeln häufiger Alzheimer, können aber was dagegen tun«, in: *Tagesspiegel* (20. 02. 2021), online verfügbar unter: https://plus.tagesspiegel.de/wissen/wechseljahre-schwindende-hormone-und-das-demenz-risiko-frauen-entwickeln-haeufiger-alzheimer-koennen-aber-etwas-dagegen-tun-86381.html (letzter Abruf: 23. 01. 2022)

Abby Aguirre: »The World According to Frances McDormand«, in: *VOGUE* (1. 12. 2020), online verfügbar unter: https://www.vogue.com/article/frances-mcdormand-cover-january-2021 (letzter Abruf: 23. 01. 2022)

KAPITEL 14

Margaret Lock, *Encounters with Aging,* University of California Press 1993

Neky Cheung, *Women's Ritual in China: Jiezhu (Receiving Buddhist Prayer Beads) Performed by Menopausal Women in Ninghua, Western Fujian,* Edwin Mellen Press 2008

KAPITEL 15

Aaron S. Heller et al.: »Association between real-world experiential diversity and positive affect relates to hippocampal–striatal functional connectivity«, in: *Nature Neuroscience* 23, 800–804 (2020), online verfügbar unter: https://www.nature.com/articles/s41593-020-0636-4 (letzter Abruf: 23. 01. 2022)

KAPITEL 16

Miriam Stein, »Care-Arbeit: Die Zukunft ist fürsorglich«, in *Zeit Online* (28.05.2020), online verfügbar unter: https://www.zeit.de/kultur/2020-05/care-arbeit-coronavirus-fuersorge-ethik-pandemie (letzter Abruf: 23.01.2022)

Lucy Fricke, *Töchter,* Rowohlt 2019

Sara Ruddick, *Maternal Thinking,* Beacon Press 1995

Carol Gilligan, *Die andere Stimme – Lebenskonflikte und Moral der Frau,* Springer 1984

Virginia Held, *Ethics of Care,* Oxford Press 2007

Joan Tronto, *Who Cares? How to Reshape a Democratic Politics,* Cornell University Press 2015